Para

com votos de paz

DIVALDO FRANCO

PELO ESPÍRITO | VIANNA DE CARVALHO

NOVOS RUMOS

EDITORA LEAL

Salvador
1ª edição – 2023

COPYRIGHT ©(2023)
CENTRO ESPÍRITA CAMINHO DA REDENÇÃO
Rua Jayme Vieira Lima, 104
Pau da Lima, Salvador, BA.
CEP 412350-000
SITE: https://mansaodocaminho.com.br
EDIÇÃO: 1. ed. – 2023
TIRAGEM: 10.000 exemplares
COORDENAÇÃO EDITORIAL
Lívia Maria C. Sousa

REVISÃO
Adriano Ferreira · Lívia C. Sousa · Plotino da Matta
CAPA
Marcos Cosenza
MONTAGEM DE CAPA
Marcos Cosenza
EDITORAÇÃO ELETRÔNICA
Marcos Cosenza
COEDIÇÃO E PUBLICAÇÃO
Instituto Beneficente Boa Nova

PRODUÇÃO GRÁFICA
LIVRARIA ESPÍRITA ALVORADA EDITORA – LEAL
E-mail: editora.leal@cecr.com.br

DISTRIBUIÇÃO
INSTITUTO BENEFICENTE BOA NOVA
Av. Porto Ferreira, 1031, Parque Iracema. CEP 15809-020 Catanduva-SP.
Contatos: (17) 3531-4444 | (17) 99777-7413 (WhatsApp)
E-mail: boanova@boanova.net
Vendas on-line: https://www.livrarialeal.com.br

Dados Internacionais de Catalogação na Publicação (CIP)
(Catalogação na fonte)
BIBLIOTECA JOANNA DE ÂNGELIS

F825   FRANCO, Divaldo Pereira.

      Novos rumos. 1. ed. / Pelo Espírito Vianna de Carvalho [psicografado por] Divaldo Pereira Franco, Salvador: LEAL, 2023.
      160 p.
      ISBN: 978-65-86256-25-3

      1. Espiritismo 2. Reflexões morais
      I. Título II. Divaldo Franco

      CDD: 133.93

Bibliotecária responsável: Maria Suely de Castro Martins – CRB-5/509

DIREITOS RESERVADOS: todos os direitos de reprodução, cópia, comunicação ao público e exploração econômica desta obra estão reservados, única e exclusivamente, para o Centro Espírita Caminho da Redenção. Proibida a sua reprodução parcial ou total, por qualquer meio, sem expressa autorização, nos termos da Lei 9.610/98.
Impresso no Brasil | Presita en Brazilo

SUMÁRIO

	Novos rumos 7
1	Espiritismo e atualidade 11
2	Visão dinâmica da reencarnação 15
3	Dilacerações pela culpa 19
4	Exageros 23
5	Excentricidades e loucura 27
6	Recursos da memória 33
7	Pertinaz cepticismo 37
8	Homenageando *O Livro dos Espíritos* 41
9	O Centro Espírita 47
10	Cepticismo perturbador 53
11	A busca 57
12	Lei de Justiça 61
13	Lei de Causa e Efeito 65
14	Renovação social 69
15	A grande transição 73
16	Metas elevadas 77

17	Ondas mentais	81
18	Excelência do Espiritismo	85
19	Integração doutrinária	89
20	Polêmicas espíritas	93
21	Revolução espiritual	97
22	Os crimes hediondos (pena de morte)	101
23	Palavras aos companheiros	107
24	A criança ante o futuro	111
25	Missão cumprida	117
26	Em louvor à liberdade	121
27	O consolador	125
28	Com Allan Kardec	129
29	Mamon e Jesus	133
30	Não há alternativa	139
31	Haja paz!	145
32	Materialismo e Espiritismo	149

NOVOS RUMOS

Desde períodos imemoriais o nosso planeta experimenta inconcebíveis turbulências e revoluções em sua gigantesca massa, adaptando-se ao equilíbrio cósmico a que está destinado.

Em épocas remotas, as primeiras criaturas que se humanizaram deixavam-se entregar à belicosidade dos instintos primários, culminando na ferocidade destrutiva de outras que eram consumidas em intérminos combates.

Periodicamente, desde o momento de humanidade do ser, apareceram nos grupos iniciais as diretrizes de paz com o objetivo de ser-lhe proporcionada a felicidade.

Culminando o processo evolutivo, alcançada a fase de civilização, veio Jesus, que traçou os rumos de segurança mediante a Lei de Amor, de forma a facilitar a harmonia entre os inumeráveis grupos sociais.

Dois milênios quase se sucederam em lutas, e as dádivas celestes foram captadas de modo a apressarem os Espíritos na execução do programa de harmonia.

Nada obstante, sempre surgiram missionários e apóstolos que estabeleceram as regras para a conquista da paz e do amor, sempre rejeitadas pela terrível rebeldia em que se comprazíam os povos...

Os embaixadores da luz abriram brechas nas trevas da ignorância em tentativas de materializar o Reino dos Céus, *mas foram recusados, e embora algumas ideias florescessem, logo mais foram adaptadas às paixões vigentes, redundando em conflitos sangrentos entre as diferentes correntes em que se transformaram.*

Jesus retornou como o Consolador, *e a colheita da sementeira evangélica experimenta a presença do joio pernicioso e das ambições dos vândalos em retorno ao corpo físico, a fim de poderem dar continuidade às dificuldades que criaram anteriormente...*

Não há muito, o planeta cansado e em revolução movimentou suas placas tectônicas com mais violência do que de hábito e aumentou o número de erupções vulcânicas, tsunamis, *tempestades de destruições devastadoras.*

No dia 26 de dezembro de 2004, por exemplo, o mundo foi sacudido pelos terríveis sismo e tsunami *que devastaram quase uma dezena de nações às margens do Oceano Índico, enquanto a crueldade do ser humano atingiu a sociedade no dia 11 de setembro de 2001 com o ato terrorista que destruiu as Torres Gêmeas em Nova Iorque e continua ameaçando os povos.*

Além dos terrores coletivos, os lobos solitários *prosseguem implacáveis, destruindo vidas e comunidades inteiras, ameaçando a frágil paz internacional.*

O monstro das guerras prossegue esfaimado, devorando povos que se lhe fazem vítimas, sustentado pelas nações poderosas e insatisfeitas.

Nessa triste paisagem, no entanto, reflorescem belezas, amor, sabedoria e tecnologia avançada, tornando os escombros menos tristes e a vida digna de ser experienciada.

Novos rumos surgem agora para a restauração da fraternidade, da igualdade, da justiça e da harmonia entre as criaturas humanas, através do apoio do Mundo espiritual edificando o bem em toda parte.

Nunca esmoreçamos na conquista dos objetivos elevados de nossa destinação histórica: a perfeição relativa!

✧

Estas páginas, que constituem o presente modesto livro, foram escritas em épocas diferentes, porém, com o objetivo de propor novos rumos de paz e de misericórdia para a vida em todas as suas expressões.

Estes rumos já estão presentes em o Evangelho de Jesus, vêm sendo renovados com periodicidade e agora por definitivo, em razão da inevitável mudança de mundo de provações e expiações para uma bendita escola de regeneração.

Multidões de Espíritos mais elevados estão reencarnando-se para facultar com sua sabedoria a conscientização dos terrícolas quanto à necessidade de serem plenos.

Não temos a presunção de haver trazido revelações bombásticas ou apresentação do maravilhoso e do extraordinário.

A nossa é a humilde cooperação de um irmão amigo que atravessou os umbrais do túmulo e retorna para despertar os que dormem e auxiliar aqueles que estão enfraquecidos na luta a que se renovem e não desanimem.

Esperando haver cumprido com o dever, rogamos a Jesus que nos abençoe e nos guarde sempre.

Salvador, 6 de março de 2023.

Vianna de Carvalho

1
ESPIRITISMO E ATUALIDADE

Os camartelos poderosos do progresso demolem, a pouco e pouco, os bastiões onde se aquartelavam a ignorância e o despotismo. Inevitável e inapelável, o processo de evolução dá-se rigoroso, lento a princípio, depois ciclópico e avançado, assinalando cada fase com admiráveis conquistas que promovem o homem e a sociedade a patamares cada vez mais elevados.

Embora ainda vicejem e dominem os adversários das realizações nobilitantes, uma vaga de esperança perpassa nas consciências humanas ao clarão da nova aurora prenunciada pelo Espiritismo.

Estigmatizado pelos triunfadores de um dia, enganados em si mesmos; desconsiderado pela presunção acadêmica, fátua e vã; confundido propositalmente pela má-fé, que se arremete violenta contra tudo que lhe parece ameaçar a existência; perseguido sem quartel pela maquinaria organizada da prepotência religiosa e política de conveniência, o Espiritismo tem sobrevivido a todas as arremetidas cruéis sem sofrer qualquer dano na sua estrutura sólida, fundamentada nos fatos, portanto, com bases inamovíveis, sobre as quais prossegue erguendo o edifício da felicidade humana.

Com as avançadas conquistas do conhecimento nos laboratórios de investigação científica, os seus postulados tornam-se confirmados, apesar da obstinada conduta daqueles que o negam.

Sábios de nomeada encontram Deus e não se atrevem a defini-lO, apresentando-O como Causa Incausada do Universo, qual revelaram os Espíritos nobres.

A imortalidade sai da reclusão dos santuários para ser objeto de investigações nas áreas da Parapsicologia e, mediante a comunicabilidade da alma, é confirmada como fenômeno natural da vida, sem rebuços ou justificativas.

A reencarnação é requisitada para esclarecer os graves problemas na área da Psicologia comportamental e nos distúrbios graves da mente, pertinentes à Psiquiatria, que vai remontar às causas profundas dessas mazelas. Sem a reencarnação, constatada em experiências admiráveis de regressão da memória, de lembranças espontâneas, de sonhos evocativos, os estados mórbidos, teratológicos e degenerativos, autistas e esquizofrênicos, permanecem sem explicação, por mais se tente encontrar-lhes a gênese nos mapas cromossomiais...

A reencarnação, desvelando o passado, explica o presente e predispõe para o futuro.

A tese da pluralidade dos mundos habitados encontra ressonância em notáveis astrofísicos que, utilizando-se da Lei das Probabilidades, confirmam a existência de vida inteligente fora da Terra, conforme o Espiritismo vem elucidando.

O amor torna-se terapia avançada na atualidade, ampliando-o das páginas do Evangelho de Jesus, como solução perfeita para os volumosos problemas que perturbam os indivíduos na sua jornada tormentosa.

Esperava-se que o desenvolvimento científico desacreditasse as afirmações espíritas, demonstrando a inexequibilidade delas, e deu-se o contrário, surgindo uma ponte entre a Ciência acadêmica e a espiritista, lançando outras no rumo da religião, a fim de que o trânsito se dê em duas vias: ida e volta.

Allan Kardec profetizou há cerca de cento e trinta e três anos[1]: "O Espiritismo anda no ar; difunde-se pela força mesma das coisas, porque torna felizes os que o professam".[2] E, fazendo-se uma análise cuidadosa, ei-lo que "anda no ar", em discussões variadas em toda parte. Conversações e comentários buscam penetrá-lo porque, pela consolação que oferece, pela caridade que propicia e pelos esclarecimentos que enseja, é candidato a espraiar-se pelo mundo graças aos seus nobres conteúdos libertadores.

Unindo as criaturas como irmãs, que o são, por demonstrar que os nascimentos decorrem dos atos transatos e as diferenças raciais são acontecimentos fortuitos, com o objetivo de experiências evolutivas, propõe a igualdade de direitos e de deveres, promovendo o ser humano em todas as latitudes.

Os seus ensinamentos e demonstrações da imortalidade são aceitos por todas as religiões, por terem neles a realidade dos fatos que lhes escasseiam para comprovar a tese da sobrevivência espiritual, que é a base de todas elas.

---

1. Mensagem psicografada em 1994 (nota do médium).
2. KARDEC, Allan. *O Livro dos Médiuns*. 28. ed. FEB, cap. III, item 30 (nota do autor espiritual).

A Justiça Divina adquire requisitos de amor sem a implacável destinação da impiedade e da indiferença nas punições irremissíveis, encontrando na reencarnação a explicação lógica para o crescimento dos seres humanos, programando conquistas e reparação dos erros através das experiências existenciais.

O Espiritismo, convidando à reflexão profunda, enseja o desenvolvimento dos valores que dormem no ser, a fim de alçá-lo às cumeadas do progresso.

Certamente não se apresentará como uma doutrina dominante, pois que este não é o seu objetivo, porém, iluminará todas as outras com a força dos seus argumentos sólidos e encaminhará o homem decidido ao encontro com ele próprio na marcha abençoada para a Vida e para Deus.

2
VISÃO DINÂMICA DA REENCARNAÇÃO

O conceito anterior – a respeito do qual o processo da reencarnação do ser objetiva expungir os males praticados, pagar os erros cometidos, ressarcir as dívidas pretéritas – cede hoje lugar a uma visão mais dinâmica e menos punitiva desse recurso indispensável à evolução.

A dor é mecanismo natural do fenômeno da Vida, e não apenas imposição retificadora.

Certamente, em muitos casos torna-se pedagoga e terapeuta para ocorrências e pessoas, conclamando estas últimas à reflexão, ao amadurecimento, à correção e ao aprimoramento dos atos.

Nem sempre, porém, é resultado dos erros passados, mas também o é dos sucessos naturais da escalada evolutiva.

O amor, sim, é Lei da Vida trabalhando o indivíduo para o desdobramento e conscientização dos valores que nele jazem em germe.

A reencarnação é impositivo do progresso que faculta o crescimento do Espírito, propiciando-lhe a identificação e a assimilação dos relevantes objetivos a que está destinado.

Através dela, quando equivocado, recupera-se; quando em indisciplina, reeduca-se; quando em deficiência, aprimora-se, adquirindo sempre experiências novas, que incorpora ao íntimo patrimônio de natureza intelecto-moral.

O resgate dos erros e dos crimes cometidos dá-se não apenas mediante o sofrimento, mas igualmente através das realizações edificantes, dignificadoras que o amor proporciona.

Graças à reencarnação, o Espírito calceta desperta para a realidade da sua Vida imortal e termina por compreender a grandeza do ensejo que lhe é facultado, aprendendo que as realizações positivas têm os recursos para diminuir-lhe a carga perniciosa das infelizes que lhe pesam na economia da evolução moral.

Em face do arrependimento, quando alguém se conscientiza do mal que praticou, predispõe-se à expiação do delito, isto é, ao inevitável sofrimento dele decorrente, encorajando-se, assim, para a reparação.

Essa reparação não se restringe apenas à área do erro ou da pessoa a quem se haja prejudicado, mas à própria como à Consciência Cósmica, afinal, a Causa Essencial da Vida.

Dessa forma, à medida que o ser eleva-se, menos penosa se lhe torna a marcha, por compreender o significado da oportunidade do renascimento na carne, ampliando-lhe o elenco das atividades dignificadoras, que lhe facultam melhores disposições para o avanço, para o crescimento ilimitado.

Os impositivos da dor-resgate ocorrem nas faixas mais primárias da evolução, da conscientização pela falta de sensibilidade do ser para aperceber-se das vantagens do bem, enquanto transita nas experiências mais automatistas.

◈ NOVOS RUMOS

Assim, a "fatalidade do sofrimento" na Terra cede espaço para uma visão nova da Justiça Divina, que proporciona o descobrimento dos tesouros do bem ao alcance de todos quantos se resolvem pela mudança de atitude, transferindo-se dos impulsos da violência, do orgulho, do amor-próprio, para as bênçãos da pacificação, da humildade, da solidariedade, do bem que podem fazer.

A cada instante, dessa forma, modifica-se o destino, altera-se a rota evolutiva, ameniza-se a aspereza da marcha, alargando-se a paisagem de autoiluminação.

A criatura não mais se sente infeliz, graças à alegria pessoal de ser útil; não mais se apresenta solitária, em razão de ser solidária; não mais se insurge contra as provações, por saber valorizá-las em favor da renovação do entendimento; não mais se molesta com os problemas, pois que dispõe dos meios para solucioná-los, predispondo-se a fazê-lo imediatamente...

Cada hora constitui-lhe precioso investimento que passa a aproveitar com sabedoria, e não para relacionar dificuldades, porque reconhece que, ao superá-las, experimentará os impulsos que a promovem a patamares mais altos na escalada ascensional.

A reencarnação, embora portadora de objetivos de depuração, é também meio saudável de conquista da beleza, da saúde, da plenitude.

Graças a ela, nada se perde, quando útil e providencial, assim anulando as ações perturbadoras e fazendo cessar os seus efeitos danosos onde se demorem.

Propicia a luz da reparação que dissipa todas as sombras da mágoa, da rejeição e do ódio.

A dor, assim colocada, igualmente constitui lição que alguns Espíritos elegem a fim de ensinar àqueles portadores de menor resistência como comportar-se quando incursos nos seus estatutos providenciais.

Tais foram os exemplos de muitos Espíritos nobres, como Sócrates, Estêvão, Francisco de Assis, Teresa d'Ávila, dentre outros, sobretudo Jesus, o Ser mais perfeito que jamais transitou na Terra, nosso Modelo ideal e Guia seguro.

3
DILACERAÇÕES PELA CULPA

É de todos os tempos do pensamento ético o interesse para identificar-se quais as consequências que advêm após a morte daqueles que agiram erradamente, quando na Terra, dos viciados e impiedosos, dos traidores e depravados, dos perversos e insensíveis, dos exploradores e calcetas, dos mentirosos e odientos.

Considerando-se a imensa mole humana que a cada instante atravessa a aduana da morte, religiosos e filósofos, poetas e artistas, sob inspiração uns e imaginações exacerbadas outros, tentaram padronizar a Justiça Divina mediante castigos horrendos e criaram regiões temporárias e eternas para os culpados de todos os crimes.

Nas civilizações passadas conceberam-se "regiões espirituais" fora do mundo físico, nas quais as dores infinitas e indescritíveis seriam os resultados punitivos para os comportamentos nefandos a que se entregaram os criminosos e os hipócritas, os ladrões e os promíscuos de todo jaez.

Dentre esses conceitos, a impiedade humana multiplicou os castigos que deveriam ser aplicados aos réus, propondo figuras satânicas, ao gosto mitológico, para "justiçarem" os incursos nos Soberanos Códigos da Vida pelo desrespeito que se permitiram, sem facultar-lhes repouso, sem conceder-lhes esperança nem permitir renovação.

O Zoroastrismo povoou a sua região tenebrosa com os insensatos e invigilantes, sob o látego cruel de Ahriman, encarregado com outros algozes de seviciá-los eternamente.

Os gregos conceberam os suplícios de Tântalo, de Sísifo, o tonel das Danaides, ampliados com a cruel presença do Hades, que terminaria por devorar os corpos ressuscitados sem os consumir...

À porta do Tártaro, o cão Cérbero, de três cabeças e cauda de dragão, vigiava a entrada para ninguém evadir-se ou entrar sem permissão, disciplinando os condenados eternamente.

Virgílio, Ovídio, Fénelon em poemas inesquecíveis descreveram essa "região" de desdita com as carregadas tintas do horror, que ultrapassa a imaginação, de modo a apavorar a criatura humana, predispondo-a à honradez e à moral.

Quando Telêmaco teve permissão de adentrar-se no báratro hediondo, defrontou reis e escravos, homens e mulheres sob inconcebível tormento, supliciados, sem possibilidade de recuperação entre ódios ferozes e bestialidade invulgar...

A cultura romana, herdeira da grega, estimulou a imaginação dos seus poetas, e o Inferno pagão transferiu-se para o cristão, sob a direção de Lúcifer, tornado Belzebu, destituído de qualquer sensibilidade, de compaixão e misericórdia.

Mais tarde, Dante Alighieri retratou o dédalo abissal com a magia do seu verso e repetiu as hórridas paisagens onde expungiam os trânsfugas do dever e da dignidade, causando terror a todos quantos se detenham a ler-lhe a magistral *Divina comédia*, no capítulo reservado ao Inferno.

Santa Teresa d'Ávila e outros místicos cristãos não pouparam expressões aparvalhantes para descrever as paisagens lúgubres, inclusive ela diz ter visto e entrado no nicho que lhe estava reservado caso viesse a falir...

Não há dúvida de que muitos escritores que se detiveram na análise das consequências das vidas ignóbeis tiveram ensejo de visitar, em parcial desdobramento espiritual, os locais onde se homiziam os Espíritos de consciência culpada, descrevendo depois as cenas dolorosas com as expressões terríveis do sabor medieval para atemorizar os seres humanos e submetê-los à *fé cega*.

Coube ao Espiritismo esclarecer as dificuldades éticas e morais acerca da culpa e do castigo, extirpando a condenação eterna por crime transitório do Estatuto Divino, no qual predomina o amor.

Como punir com a mesma severidade delitos tão diferentes praticados pelas criaturas? Como negar o direito à aprendizagem a quem errou por ignorância, ferindo-o com o mesmo rigor aplicado àquele que infelicitou com discernimento e perversa lucidez? Como não oferecer ao arrependido o ensejo de reparação, quando no Universo tudo são permutas e ajustamentos no rumo do equilíbrio? Como situar no Inferno um ser perverso criado por Deus para competir com Ele e ganhar-Lhe a dianteira como senhor absoluto daqueles filhos que tropeçaram por fragilidade ou rebeldia, sem nunca receberem absolvição ou misericórdia?

São muitas as interrogações que nos assomam à mente ante a arbitrária e lendária concepção do Inferno.

Não há dúvida, porém, de que existem métodos de recuperação compatíveis com o grau do erro e as circunstâncias que o promoveram, mas de caráter temporário, já que a culpa insculpida na consciência desaparece, a partir do momento em que o revel se resolve por mudar de atitude e direciona os pensamentos, as palavras e os atos para o bem e o amor.

Multiplicam-se as regiões de dor afligente além do túmulo, criadas pelos próprios indivíduos, que as mantêm com as energias deletérias que cultivam e exteriorizam pelos canais do ódio, da cupidez, da avareza, do orgulho, da vilania que os caracterizam.

Logo se dispõe o criminoso a reconciliar-se com a própria consciência e com as suas vítimas, alteram-se-lhe as estruturas carcerárias que edificou, recebendo conveniente ajuda e terapia dos mensageiros da luz, que lhes aguardam a mudança de comportamento, a alteração de rumo mental e moral.

Depois de socorridos, são encaminhados à reencarnação e, no proscênio terrestre, retemperam o ânimo na luta, recuperam-se pelo trabalho ou pela expiação, reconquistando o patrimônio malbaratado, predispondo-se a novas libertadoras experiências.

O Amor de Deus luz em toda parte e a Sua Misericórdia expande-se em todas as direções, abençoando a Criação e as criaturas, que avançam, às vezes, com dificuldade, porém com esperança na conquista da plenitude, que nos está reservada.

Inferno, punição indefinida, castigo insano, jamais.

Reparação e conquista dos valores sublimes da paz são as perspectivas à disposição de todos os seres, humanos ou não.

4

EXAGEROS

Não há como negar-se a expressiva massa de informações que diariamente eclode na mídia, decantando as glórias da conquista tecnológica.

De todo lado surgem as invenções que deslumbram, oferecendo comodidade, bem-estar e minorando inúmeras penas que antes afligiam e levavam a desesperação à criatura humana.

As indústrias da futilidade, estimuladas pelo consumismo do mercado, abarrotam com aparelhos inúteis os lares, ao mesmo tempo que fomentam a busca de coisas sem significado, como forma de autorrealização, como mecanismo de exibição.

Mentes audaciosas antecipam o futuro, sempre imprevisível, oferecendo equipamentos sofisticados, que favorecem o progresso, emulam à pressa e facilitam a comunicação, o intercâmbio...

Simultaneamente, apresentam-se aberrações chocantes que conspiram contra o equilíbrio humano, empurrando os sentimentos para os fossos da amargura ou para os apertados corredores da loucura.

Os disparates competem com as grandiosas realizações em paradoxos surpreendentes, que fascinam e perturbam, dificultando o discernimento do ser.

A habilidade mental manipula os indivíduos com a mesma facilidade com que algumas das suas máquinas pretendem substituí-los, gerando desemprego, anarquia e revolta...

Promessas mirabolantes em nome de ciências respeitáveis, como a Neurolinguística, a Cromoterapia e outras doutrinas, apresentam-se como solucionadoras de todos os problemas e enfermidades, desenhando e propondo felicidade, poder, saúde e fortuna com leviandade cruel.

As legiões de enganados por algum tempo tombam em tormentos e depressões maiores do que aqueles dos quais pretendiam libertar-se.

Fanfarras de todo tipo misturam-se a fantasias e mentiras bem urdidas, envolvendo o Reino dos Céus e a plenitude espiritual em arremetidas de ridículas formulações religiosas, enganando e "vendendo" venturas impossíveis de serem adquiridas por esses métodos venais.

A mentira tenta imitar a verdade e imiscuir-se em muitos círculos de responsabilidades.

Nesse contubérnio comportamental e no referido facilitário espiritual, criaturas inescrupulosas aderem ao Movimento Espírita e trazem para a seara informações esdrúxulas, revelações absurdas, comportamentos exóticos ao gosto dos insensatos, que desfiguram a imagem da verdade, ambiciosos e aventureiros, buscando o exibicionismo barato e a promoção do *ego* em detrimento dos deveres austeros que a doutrina propõe e o seu compromisso estabelece como impostergável.

Lentamente vai desaparecendo o espírito de seriedade e gravidade para que se estabeleça a postura ligeira, descomprometida com o Espiritismo, que é doutrina para homens e mulheres sérios, responsáveis, interessados na verdade e na autoiluminação.

Para ser divulgada, a Doutrina Espírita não necessita de exageros, de inverdades, de mecanismos promocionais perturbadores. Ciência de investigação que é, as suas informações dispensam arremedos explicativos, exigindo a linguagem dos fatos largamente comprovados no passado como no presente por investigadores eméritos, sinceros, graves e responsáveis.

Todos aqueles que tentaram mistificar as suas manifestações mediúnicas, imitá-las, impressionar, foram desmascarados, porquanto a impostura não encontra lugar nas fileiras honoráveis da realidade.

A sua filosofia profunda não pode ser apreendida de um golpe, razão pela qual exige estudo, reflexão, vivência, a fim de poder tornar-se um comportamento saudável.

A sua proposta religiosa apoia-se no pensamento de Jesus e dos seus apóstolos, como técnica vivencial e libertadora, abrindo espaços para o amor, a humildade, a caridade...

Porque não é conhecido realmente por esses oportunistas que se exibem em nome da sua divulgação, sobrepor-se-lhes-á, à medida que o tempo passe, desacreditando-os, em razão da fragilidade da fé que parecem possuir, não resistindo aos inevitáveis testemunhos a que serão chamados, porquanto não passarão incólumes ao vendaval das paixões nem às circunstâncias do processo evolutivo do planeta como deles mesmos.

Torna-se indispensável, portanto, que se esteja vigilante, assumindo-se atitude de cautela e de severa observação, não se permitindo iludir pelos exageros e pelos aficionados das ilusões, que vivem à custa do suor alheio, desrespeitando a Lei do Trabalho em nome de missões que se atribuem indevidamente, esquecidos de que "o Pai até hoje trabalha", como anunciou Jesus, sendo Ele, por isso mesmo, o Trabalhador incansável por excelência.

O Espiritismo permanecerá imaculado, não obstante os exageros e as irrisões deste momento, por encontrar-se bem delineado na Codificação, que sobreviverá aos seus falsos divulgadores, como conseguiu superar os seus detratores do passado, aqueles que tentaram criar-lhe os mais grosseiros e insanos impedimentos.

5
EXCENTRICIDADES E LOUCURA

Narra a mitologia grega que Prometeu roubou o fogo sagrado de Zeus e deu-o aos homens.

Revoltado, Zeus acorrentou-o a um monte por trinta séculos, e ali uma águia lhe devorava o fígado, o qual se refazia, até quando foi libertado por Héracles.

Da mesma forma, castigou os homens, enviando Pandora, bela e sedutora mulher, que conquistou Epimeteu, irmão de Prometeu, que o advertira a não receber nenhum presente de Zeus.

Não o escutando, aceitou a dádiva, e Pandora, então, liberou pragas e desgraças que passaram a assolar a Terra e os homens, infelicitando-os.

Epimeteu é a antítese de Prometeu. É leviano, irrefletido, gozador. O outro representa o despertar da consciência, ama e sofre os efeitos da sua afeição, paga o preço com resignação.

A sociedade contemporânea, fascinada pelo ilusório, deixa-se arrastar pela onda das excentricidades, derrapando nos resvaladouros de loucuras inominadas.

Sob pressões várias, os indivíduos fogem sem rumo, buscando asfixiar as angústias e dores que os aprisionam em tormentos depressivos e exacerbações emocionais, rumando para abismos mais hediondos do que aqueles dos quais pensam estar abandonando.

Essa conduta, conduzida pelos vapores alcoólicos, pelos estímulos das drogas aditivas, pela volúpia do sexo em desalinho, transforma o ser humano em um subtipo vulgar, assinalado pelos instintos em desequilíbrio, cedendo a razão lugar aos abusos que se apresentam em forma de crimes cada vez mais horrendos.

A inadvertência moral e o desespero para fruir os gozos fáceis e de rápida consumpção arrebanham as multidões desequipadas de resistência espiritual, empurrando-as para os fossos do desespero exagerado.

A cultura, estertorando, perde o contato com a ética, que cede o espaço para as aventuras de todo porte nas experiências de laboratório, tentando trabalhar a intimidade do código genético para a criação de verdadeiros monstros insensíveis à dor, indiferentes à emoção, a fim de se tornarem animais de serviço, sem direito à felicidade, descartáveis, quando a máquina comece a apresentar deficiências.

Tal conduta excêntrica encontra receptividade nos correspondentes comportamentos utilitaristas, nos quais a única finalidade da existência humana é o prazer, cada vez mais compensador, embora desgastante...

À medida que ocorrem a alucinação do gozo, o envelhecimento, as enfermidades se acercam, os aficionados de Pandora, novos Epimeteus, despertando tardiamente após usufruírem o prazer estafante, entregam-se à revolta, ao pessimismo, às acrimônias, ao suicídio...

Civilização, sem dúvida, é conquista de valores dignificantes que plenificam o homem e elevam a sociedade a níveis de harmonia mais altos e nobres, antes que as conquistas tecnológicas puras e simples, que, não obstante contribuírem em favor do progresso, não conseguem eliminar as paixões asselvajadas, as tendências primaristas, os conflitos do sentimento que dominam o indivíduo.

Nesse pandemônio que se estabelece no mundo, no qual a violência predomina, mantendo crescentes índices de agressividade e crueza, o ser humano estertora e a sociedade cambaleia, arrastados pela terrível e devoradora loucura de tudo reduzir a expressões de tormento e de vandalismo.

Ameaças contínuas de destruição das estruturas sociais tornam-se realidade com frequência, como se o homem estivesse condenado ao aniquilamento.

Nessa paisagem torpe e triste, no entanto, repontam incontáveis Prometeus que, sábios e prudentes, encontram-se em vigília, resguardados das artimanhas de Zeus e da sua representante destruidora de alegrias e bem-estares, reconstruindo, trabalhando com afã em favor de um novo organismo social constituído por homens e mulheres moralmente saudáveis.

São inevitáveis as vitórias do amor, do dever, da ordem, porque a criatura avança para a perfeição relativa que lhe está destinada desde a sua origem.

Nenhum empeço pode fazer-se duradouro, dificultando-lhe o crescimento, impedindo-lhe a conquista do objetivo.

Os excessos de perversão destes dias logo mais estarão ultrapassados.

Há um limite em tudo na Terra, que propele, quando atingido o ápice, ao retorno, ao recomeço.

A exorbitância externa desarticula, e a sua vítima, em dolorosa carência, tem necessidade de refazimento, de recomposição.

Pairam no ar os miasmas asfixiantes, que se encarregam de intoxicar aqueles que os aspiram e os eliminam com ritmada frequência, ao mesmo tempo produzindo a terapêutica valiosa para o despertamento das consciências entorpecidas.

É o fogo de Prometeu ardendo no imo e acordando o ser para a responsabilidade, para o culto ao dever.

Vanguardeiros da evolução trabalham concomitantemente para mudar a psicosfera pestífera que as excentricidades morais e a loucura emocional espalham no mundo.

Uma nova cultura, uma diferente civilização se desenvolvem sobre os alicerces carcomidos das atuais, minando essas construções enfermiças e substituindo-as por novas edificações que sobreviverão ao caos...

Esses Epimeteus, vencidos pela própria incúria, recorrerão à sabedoria dos Prometeus experientes, que os conduzirão da ruína à recuperação, do paul ao planalto da esperança e da ação dignificante.

Com muita razão, quando sob a cruz, na Via Dolorosa, Jesus, ante as "mulheres piedosas" que O pranteavam condoídas, afirmou contristado: "Não choreis por mim. Antes, chorai por vós mesmas e pelos vossos filhos"...[3]

São estes os dias nos quais pais e mães vertem lágrimas por si mesmos e por seus filhos ante os espetáculos macabros e truanescos da luxúria perversa, da violência sem nome, da ausência de compaixão e de pudor, salvadas as exceções compreensíveis.

---

3. Lucas, 23:28 (nota do autor espiritual).

Logo depois, porém, surgirão novo céu e nova terra, novas paisagens e novas aspirações, nos quais Jesus triunfará do mal que teima em permanecer nos seres humanos, recompondo Seu rebanho, na condição de Pastor amoroso e bom.

6
RECURSOS DA MEMÓRIA

A memória cerebral responde por todo o patrimônio de registros que se iniciam na concepção e se alongam no ser até a sua desencarnação.

Graças às sinapses eletroquímicas dos neurônios, as mensagens viajam através dos condutos nervosos visuais e auditivos, armazenando-os nos refolhos das engrenagens sutis da memória.

Simultaneamente, arquivam de maneira inconsciente as informações que são absorvidas pela mente e passam a fazer parte do conjunto mnemônico de cada criatura.

Todavia, quando são identificados conhecimentos que transcendem às aquisições atuais, referindo-se a dados não aprendidos durante a presente experiência carnal; quando são revelados conteúdos culturais de Ciência e de tecnologia, que não foram adquiridos na atualidade; quando surgem esclarecimentos sobre questões abstratas, na área da matemática e do concepcionismo, por exemplo; quando acorrem notícias sobre vidas que parecem haver existido, detalhando pormenores comprováveis, citando lugares e pessoas, comunicando-se por intermédio de idiomas e dialetos extintos ou raros, naturalmente se explicam na área do materialismo, mediante as conceituações de "memória genética", de inconsciente coletivo ou repetição arquetípica, tendo-se em vista a destrutibilidade da vida em face da desintegração da matéria.

Ao mesmo tempo, nas regressões de memória, buscando-se encontrar a gênese de várias enfermidades psíquicas, comportamentais e orgânicas, ou mesmo a razão dos desafios e dos problemas sociais como econômicos, pensam os mesmos estudiosos em traumas da infância, nos difíceis relacionamentos com os pais, especialmente com a mãe – complexo de Édipo –, ou nos conflitos derivados do momento da concepção como do período da gestação, assim se supondo tudo reduzir a simples fantasias perturbadoras ou a gravames do relacionamento familiar, educacional, social...

A Psicanálise, utilizando-se dos recursos terapêuticos convencionais, procurando diluir os traumas e conflitos, nem sempre os erradica com o êxito que seria de esperar-se. No entanto, através da terapia profunda, tendo em vista "as vidas passadas", logra-se despertar o "Eu consciente" para a sua realidade atual, vencendo o agente perturbador, assim como a "consciência de culpa" em predomínio, libertando o paciente do tormento que o aflige, desalgemando-o da inibição angustiante, da ansiedade injustificada, da depressão perniciosa, da dificuldade de relacionamento ou da incapacidade sexual de natureza psicológica...

A indução ao passado e o consequente reviver do momento infeliz que teria acontecido em experiência transata liberam o inconsciente e, por efeito, novos programas se instalam na consciência, facultando a recuperação do equilíbrio no ser atormentado.

Esses registros, sem dúvida, não se encontram arquivados na memória cerebral, que os ignorava, mas, sim, nos alicerces psíquicos profundos do ser, na área da memória extracerebral.

As tentativas de invalidar essa memória subjacente, anterior à formação do cérebro, portanto precedente à concepção fetal, sem margem a qualquer dúvida, pertencem à energia pensante que comanda o indivíduo, ele mesmo Espírito imortal.

Não apenas são evocados, nesses estados alterados de consciência, os fatos que foram vivenciados em reencarnações anteriores, como também constatada a existência de uma realidade entre vidas, no espaço que separa o túmulo do novo berço, lugar pulsante, rico de vibrações, constituído de "matéria" à qual se assemelha a da Terra, todavia, mais rarefeita, que pode modelar formas diferentes sob a direção do pensamento.

Não somente são detectadas regiões felizes, mas também de dores em que estacionam, respectivamente, seres bons e maus, e, ademais, lugares nos quais se podem programar e reprogramar as futuras romagens terrenas, após meticulosa análise dos atos praticados na jornada precedente, sob inspiração de mestres e guias generosos e sábios.

São acontecimentos que se encontram em todas as épocas da Humanidade, nos mais diversos recantos do orbe terrestre, e que o conceito do arquétipo não pode explicar sem apelar para o absurdo da sua potencialidade quase divina, capaz de tudo realizar, tomando atributos correspondentes a Deus, que ele pretende anular, desse modo, substituindo-O...

A reencarnação é a única resposta lógica, racional, para a memória extracerebral, aquela que elucida inúmeros, senão todos os acontecimentos da existência humana.

Através do conhecimento da reencarnação, a vida adquire significado psicológico, motivação honorável, e a pessoa humana deixa de ser marionete movida pelas mãos absurdas do *acaso*, que se encarregaria de a umas fazer felizes e a outras desventuradas.

A filosofia da reencarnação enriquece o homem com possibilidades de realizar e reconstruir, de produzir e conquistar, tornando-se autor e responsável pelo próprio destino, que está a modificar-se a cada instante conforme o direcionamento mental e os atos que pratique.

À memória genética são facultados valores que contribuem para a constituição fisiológica e psicológica do indivíduo, jamais lhe concedendo o conhecimento do passado com detalhes e precisão, para não o perturbar, qual sucede na reencarnação, que insculpe nos registros da extracerebral, que é o Espírito em evolução.

7
PERTINAZ CEPTICISMO

Théodore Flournoy, o célebre físico, filósofo e psicólogo suíço, concebeu, no ano de 1900, a teoria da criptomnésia, após estudos cuidadosos da médium Hélène Smith, que afirmava haver sido Maria Antonieta em reencarnação anterior. Ademais de ser portadora de faculdade de xenoglossia e outras, acreditava também poder falar o idioma do planeta Marte, quando em estado de transe.

O nobre pesquisador Flournoy, que a acompanhou por largo período, após análises meticulosas, aferrado às teses do materialismo, optou pela conclusão de que a criptomnésia seria a explicação para os complexos fenômenos que se expressavam pelo admirável *sujet*.

Segundo ele, a criptomnésia é a faculdade que permite ao inconsciente humano assenhorear-se de todo o conhecimento imaginável e arquivá-lo nas suas camadas profundas, ali permanecendo em latência, sem que a consciência o saiba. De acordo com essa teoria, o inconsciente é possuidor das possibilidades de registro, identificação e armazenamento de tudo quanto acontece à sua volta, embora sem o concurso do Eu consciente.

Nos momentos do transe ou em situações equivalentes, ele libertaria essas informações, que dariam a impressão de pertencerem aos Espíritos desencarnados ou à memória das existências passadas.

Sob esse ponto de vista, todas as manifestações consideradas intelectuais decorreriam desses preciosos arquivos e da infinita capacidade de memória desse departamento da vida psíquica do ser humano.

A tese, no entanto, com ligeiras variações, é mais antiga, procede do ano de 1850, quando os estudiosos de várias psicopatologias que afligem os indivíduos resolveram apelar para a então identificada capacidade de registros automáticos realizada por esse notável arquivo, embora sob outra denominação.

Charcot, Grasset, Janet, William James e outros pesquisadores dos conflitos humanos e da histeria penetraram a sonda da sua investigação no *abismo* mental dos seus pacientes e *cobaias*, buscando encontrar as causas de alguns traumas, transtornos neuróticos e psicóticos de que eram objeto, detendo-se nas camadas do subconsciente e, mais tarde, do inconsciente de Freud, do arquétipo de Jung, com os desdobramentos que seriam acrescidos nas investigações posteriores pelos referidos e por outros cientistas.

Há uma sistemática e pertinaz postura materialista na criatura humana, tentando reduzir todos os fatos examinados a faculdades desconhecidas da mente, ao inconsciente profundo, ao coletivo ou a patologias pouco identificadas.

Por mais se repitam os fatos, mesmo que em expressões diferentes, a armadura mental cepticista apresenta respostas sempre negativas, reduzindo-os, invariavelmente, à desestruturação da personalidade, aos arquivos do ser, à memória genética, à telepatia, à hiperestesia...

Diante dos momentosos fenômenos de ectoplasmia, na área das manifestações físicas – materializações, desmaterializações e transportes –, recorrem às hipóteses da fraude, do ilusionismo e da prestidigitação, bem como a outras ainda mais esdrúxulas, que passam a receber cidadania cultural.

Repugna ao grande, expressivo número de investigadores como de intelectuais e biótipos comuns a tese da imortalidade da alma, em um anelo descomunal em favor da anulação da vida inteligente após a desagregação molecular do corpo.

Afeiçoados ao simplismo niilista, combatem com vigor as teses espiritistas da sobrevivência do ser, da comunicabilidade e da reencarnação dos Espíritos, descobrindo ou apresentando novas como velhas explicações que reduzem a vida inteligente ao capricho do acaso, ao nada.

Ante a grandeza ainda impenetrada do Universo, diante do desconhecimento da extraordinária função da mente, da complexidade do microcosmo e outros, o reducionismo conduz o raciocínio a conclusões não demonstráveis da sua origem, portanto, a fatores e fenômenos que seriam casuais e que produziram o Cosmo, a inteligência e a majestade da vida como ocorrência estúpida do *nada* que teria plasmado tudo quanto existe.

Não há como negar-se a interferência dos fenômenos do inconsciente atual e remoto nas manifestações mediúnicas, que não as invalida, antes as confirma.

As exceções do fato, certamente, servem-lhe de parâmetros para a análise das regras que o regem, e não o contrário.

O nada, certamente, não existe, o que o impossibilita de produzir algo.

No que diz respeito à inteligência, é óbvio que se deriva de uma Causalidade Superior, igualmente pensante.

Quando se recorre à *memória genética*, ao *inconsciente coletivo*, com uma dose de abertura mental, particularmente diante da reencarnação encontrar-se-á o arquivo do próprio Espírito, nos alicerces sutis da sua organização periespiritual, na qual inegavelmente estão guardadas todas as experiências do ser durante o seu processo de evolução, suas conquistas e realizações.

Seria apenas uma questão de linguagem, sem qualquer prejuízo para o conteúdo de que se reveste.

No referente às comunicações mediúnicas, abstraindo-se os componentes anímicos, muito naturais nos instrumentos humanos, por cujo intermédio têm lugar, depara-se com a presença da inteligência sobrevivente à morte do corpo, independente do cérebro e das suas funções.

A imortalidade é vida que não cessa. Constatá-la é desafio que a Humanidade vem enfrentando desde priscas eras, como ferramenta que se propõe a contribuir em favor da iluminação da consciência e pela construção do ser plenamente feliz.

Longe de ser uma utopia ou um mecanismo mitológico de transferência do ser que teme aniquilar-se, conforme explicam alguns cépticos, ela é demonstrada pelos que atravessaram o portal do túmulo, com o objetivo de despertar os transeuntes carnais de forma que se orientem para o bem, superem as paixões dissolventes e se evitem o acordar traumático e infeliz.

Não obstante, os desencarnados também sabemos que aqueles que se negam à aceitação das propostas imortalistas, da sua filosofia e ética moral, no momento próprio, por mais fujam da realidade, defrontá-la-ão, qual ocorreu com nós outro, viajante do Infinito, e com todos aqueles que aqui chegaram ao Mundo espiritual.

8
HOMENAGEANDO *O LIVRO DOS ESPÍRITOS*

Cessaram, por fim, as lutas fratricidas desencadeadas pela Revolução de 1789 e as que o *Terror* houvera insculpido em forma de marcas terríveis no organismo da sociedade, abrindo espaço para o vandalismo que pretendera *expulsar Deus* da França...

Apesar disso, os *direitos do homem* surgiram das derrotadas ambições apaixonadas dos grupos hostis, fazendo tremular nos altiplanos do pensamento a mensagem de esperança para as criaturas.

As tubas guerreiras também silenciaram por um momento, quando o Corso se fez coroar imperador, na Catedral de Notre-Dame, no dia 2 de dezembro de 1804, ao som comovido do coral de duzentas vozes que entoava a música especialmente composta para a festividade à qual comparecera o Papa Pio VII.

O Século das Luzes raiava, então, sob claridades diamantinas, e as hostes do Consolador utilizaram-se da ocasião a fim de que mergulhassem na névoa carnal os Espíritos de escol encarregados de resgatar o progresso da Humanidade e de promover a felicidade dos seres.

Dois meses antes, no silêncio natural que a trégua das belicosidades facultara, reencarnou-se o mártir de Constança, que retornava das cinzas da fogueira hedionda em que tivera o corpo consumido em 1415, para instaurar a Era Nova nas roupagens de Allan Kardec.

Cientistas destinados a desalgemar as pesquisas dos rigores da escravidão religiosa; filósofos designados para ampliar as áreas do pensamento obscurecido pela ignorância; artistas com propósitos de estabelecer o romantismo, e mais tarde quebrarem as frias linhas do rígido academicismo; religiosos enobrecidos pelo exemplo, incumbidos de libertar o Cristianismo das aberrações dogmáticas; fisiologistas e psiquiatras com domínio do conhecimento mais profundo do ser, programados para desempenhos da sua dignificação como da diminuição dos seus sofrimentos; investigadores da vida nas suas várias expressões, com tarefas de decifrar o microcosmo e a vida bacteriana, assim como outros heróis da evolução desceram círculo de sombras do mundo para preparar e estabelecer a Nova Era, na qual o pensamento do Cristo penetraria a razão e se firmaria na conduta dos indivíduos, facultando o surgimento de uma ciência de observação cujos paradigmas especiais estabeleceriam uma filosofia de comportamento moral e religioso compatível com o desenvolvimento intelectual do ser humano e da sociedade.

Nesse campo rico de sementes de luz, que germinavam em abençoada seara, Allan Kardec apresentou *O Livro dos Espíritos* no dia 18 de abril de 1857.

Na Paris de então, quando as ideias surgiam pela alvorada, amadureciam ao meio-dia e feneciam ao entardecer, o conteúdo desse livro magistral fincou bases duradouras e enfrentou os aranzéis costumeiros, permanecendo irretocável pelos tempos do porvir.

Apresentando, por primeira vez, uma fé racional, que pode enfrentar a "razão em todas as épocas da Humanidade", portanto, legítima, os seus ensinamentos têm a ver com os mais diferentes ramos da Ciência, propondo uma nobre filosofia espiritualista, rica de otimismo e bem-estar, cujos alicerces fundam-se na ética-moral proposta por Jesus.

Enquanto as desvitalizadas doutrinas religiosas do passado ofereceram seiva ao materialismo que trombeteava as suas vanglórias, embora de curta duração, o Espiritismo veio para iluminar e acalmar as consciências em sombras e tormentos, propondo o modelo do homem de bem, ideal, que se faz construir com os equipamentos do amor, do conhecimento e da experiência em torno da própria imortalidade.

Estudando Deus e o Infinito, a matéria e o Espírito, a Criação, o princípio vital, as causas dos sofrimentos, a encarnação, a desencarnação e a reencarnação, aprofunda análise em torno do intercâmbio espiritual, dos fenômenos que dizem respeito ao sonambulismo e ao êxtase, ao sono e aos sonhos, às Leis que Regem a Vida, às esperanças e consolações, revelando-se como a maior síntese do pensamento a respeito do Universo, da vida, dos seres e da sua evolução, causando impacto cultural e firmando novos conceitos nas páginas vivas da História, marco decisivo para a transformação que começou a operar-se no planeta terrestre.

Antes desse livro incomum, obras demarcatórias dos períodos de cultura, ética e civilização abriram espaços especiais para o pensamento.

Reconhecendo-lhes o valor e a oportunidade quando foram apresentadas, *O Livro dos Espíritos* é a ponte entre o passado e o futuro, num ininterrupto presente no qual o conhecimento em evolução encontra as causas que o explicam nas várias expressões em que se revela.

Avançando com o progresso, suas lições não foram *ultrapassadas*, antes têm sido confirmadas em profundidade e significado, preenchendo as lacunas existentes a respeito da causalidade do Universo e da Criação.

Linha mestra da Doutrina Espírita, dele se derivam as quatro outras obras que formam o edifício cultural do Espiritismo, tornando-se fonte inexaurível de sabedoria e conforto, dantes jamais encontrada em algum outro conhecido.

Na atualidade, cento e quarenta anos transcorridos,[4] após acompanhar a evolução da Física Newtoniana para a Nuclear e Quântica; da Biologia para a exuberante Embriogenia; da nascente eletricidade para a Eletrônica; da Química para as extraordinárias análises radioativas; dos fenômenos psíquicos para os parapsicológicos, psicobiofísicos, psicotrônicos e da transcomunicação instrumental; das viagens de tração animal, a motor de explosão, para as conquistas da Astronáutica; do telégrafo a fio para as telecomunicações; do fonógrafo incipiente para as técnicas da digitação, somente têm sido confirmadas suas teses, algumas das quais ínsitas nas suas páginas com admirável antecedência e precisão...

Enfrentando as teorias de Charles Darwin, de Spencer, de Russell Wallace – que se tornou espírita –, de Schopenhauer, de Nietzsche, de Kant, do marxismo, do niilismo, as hecatombes das duas guerras mundiais, a decadência da fé religiosa, tem sustentado o seu arquipélago doutrinário com equilíbrio, deslumbrando as mentes de ontem como as de hoje pela força das suas conceituações e exatidão dos seus postulados, engrandecendo-se mais ainda ao exaltar Jesus

---

4. Mensagem psicografada em 3 de fevereiro de 1997 (nota do médium).

como Modelo e Guia da Humanidade, "o ser mais perfeito que Deus ofereceu" ao homem.

Profundamente agradecido a Allan Kardec, o eminente codificador do Espiritismo, homenageamos *O Livro dos Espíritos* pelo transcurso do seu centésimo quadragésimo aniversário de publicação, exorando as bênçãos de Deus para que o seu fanal seja alcançado, qual o de construir o homem feliz do futuro, livre da dor e das paixões envilecedoras.

9
O CENTRO ESPÍRITA

À medida que a Doutrina Espírita alcançava as mentes e os corações ansiosos de esclarecimento e consolo, aumentando a carga de trabalho do ínclito codificador, eis que ele fundou, a 1º de abril de 1858, a Sociedade Parisiense de Estudos Espíritas, que funcionou inicialmente na Galeria de Valois, nº 35, em Palais-Royal.

Para que ficassem definidos os seus objetivos, declarou-se no artigo 1º do seu regulamento: "Tem por finalidade precípua o estudo dos fenômenos espíritas e das suas aplicações, as manifestações morais, físicas, psicológicas e históricas da sociedade".

Como continuasse a crescer o número de interessados no estudo dos postulados espiritistas, providenciou a ampliação do regulamento ainda no mesmo ano, de forma a compatibilizar os interesses gerais com os fundamentos doutrinários da novel ciência filosófica e religiosa.

Esse cuidado especial do mestre lionês preservaria a mensagem reveladora dos enxertos e adulterações que sempre ocorrem, na razão direta em que se expandem, em que se popularizam as ideias novas.

Dessa forma, aquela sociedade se tornaria o primeiro Centro Espírita onde os debates saudáveis e os desdobramentos dos conteúdos científicos, filosóficos, morais e religiosos da doutrina encontrariam campo para serem aprofundados.

Sob a sua presidência, as discussões permaneceriam em alto nível e, quando se tornavam acaloradas, a sua intervenção sábia acalmava os ânimos, a sua autoridade moral e cultural silenciava os mais renitentes. Outrossim, ali teriam lugar as memoráveis tertúlias espirituais, quando venerandas Entidades, utilizando-se de médiuns sérios e dedicados, ofereciam lições ricas de sabedoria, consolando e iluminando os membros atenciosos, interessados no próprio desenvolvimento intelecto-moral bem como da Humanidade, para a qual veio o Espiritismo.

Dirimiam-se dificuldades de interpretação e consolidavam-se no seu recinto as bases do pensamento espírita, com vistas ao porvir da sociedade humana.

Exemplo, verdadeiro modelo de instituição, a Sociedade Parisiense de Estudos Espíritas deixou precioso legado, que o Centro Espírita moderno atualiza e mantém.

Cellula mater do movimento, por facultar-lhe o desenvolvimento e propagá-lo, é escola de relevante importância para quantos se interessam pelo Espiritismo.

É escola, por oferecer os mais significativos recursos culturais para a educação das almas, encarnadas ou não.

No seu labor desdobram-se as instruções que capacitam o aprendiz à conquista de uma existência feliz, enquanto adquire discernimento para conduzir-se com acerto. Ao mesmo tempo, propõe o limar das arestas e o disciplinar da conduta, aprimorando-a e condicionando-a às lições éticas do Evangelho de Jesus, desvelado pela interpretação racional que haure na Codificação.

Doutrina eminentemente educativa, o Espiritismo "tem a ver com todos os ramos do conhecimento", por isso mesmo conclamando ao seu estudo sistematizado e cuidadoso, bem como à sua reflexão meticulosa. Nas suas classes ressaltam os valores da inteligência e da razão para serem cultivados, aplicados no comportamento como roteiro de segurança.

Igualmente, é oficina de trabalho, por ensejar atividades múltiplas em benefício do próximo e da comunidade.

Sem lugar para a ociosidade dourada ou para a indiferença mórbida, a ação dignificadora nele se desdobra em mil expressões que elevam o ser, completando-o, plenificando-o, dando sentido psicológico à existência planetária.

Desde a sua administração na busca incessante de qualidade até os serviços mais humildes quão dispensáveis, é celeiro de luz que resulta da valiosa aplicação das horas dos seus membros no trabalho libertador.

Da mesma forma, é templo de oração, destituído de ritualística, de cerimonial, de qualquer tipo de culto externo, caracterizando-se pela simplicidade, sendo agradável e propício à elevação dos pensamentos a Deus e à ação da caridade em todas as suas expressões.

Nas suas dependências devem ser preservados os valores morais, a compostura, a dinâmica do amor, a fim de que a perfeita sintonia com Deus, Jesus e os Espíritos nobres torne-o ambiente saturado por sutis vibrações que proporcionam a paz e a renovação.

Lugar de reequilíbrio e de harmonia, é também hospital de almas, no qual terapias especializadas – passes, água fluidificada (bioenergia), oração, desobsessão e iluminação de consciência – facultam a saúde do corpo, da mente e do espírito, emulando o paciente ao avanço, à vitória sobre si mesmo, sobre as paixões primitivas que nele predominam.

Não pode ser confundido, porém, com nosocômios, casas de saúde, clínicas médicas e semelhantes, competindo com elas, portadoras de bases acadêmicas, pois que desvirtuaria a sua finalidade essencial, passando a conflitar com as Entidades especializadas no mister, às quais deve auxiliar, e não produzir perturbação.

No seu ambiente não há lugar para exibicionismo de natureza alguma que faça recordar os palcos do mundo, nos quais se projetam os conflitos do *ego* humano e as lutas características das naturais promoções competitivas do ser. Tampouco pode agasalhar ou dar curso às inovações que ressumam do orientalismo ancestral ou das terapias alternativas atuais, desfigurando-o, entorpecendo-lhe a finalidade superior.

O Centro Espírita é laboratório para experiências, pesquisas mediúnicas elevadas e cumulativas, que confirmam sempre os postulados básicos exarados nas obras fundamentais que Allan Kardec divulgou, completando a Codificação.

Não é estanque o trabalho que nele se desenvolve, também não é fruto dos modismos; é isento de ortodoxias ou de atavismos; não enseja novidades frívolas ou aterradoras, muito do agrado daqueles que pensam nas glórias vãs da Terra em detrimento da responsabilidade e da seriedade que sempre devem constituir os seus programas.

O Centro Espírita é campo de luz aberto a todos aqueles que tateiam nas trevas da ignorância, da presunção e do egoísmo, apontando rumos de libertação.

Atualizá-lo sem modificar-lhe os objetivos básicos; desenvolver as suas atividades sem alterar-lhe as estruturas ético-morais; qualificá-lo para os grandes momentos da hora presente como do futuro é dever de todos os espíritas, preservando as bases doutrinárias que nele devem viger: amor e estudo, ação da caridade, fora da qual não há salvação, assim confirmando a promessa do Consolador, feita por Jesus, que abriria os braços para albergar, confortar e libertar todos aqueles que o busquem.

10
CEPTICISMO PERTURBADOR

Gigantesco malabarismo mental fazem todos aqueles que erguem os castelos da negação para se refugiar durante a luta, pretendendo a consumpção da vida ante o implacável gládio da morte.

Conservando ínsitas no inconsciente as impressões infelizes de condutas heterodoxas ancestrais, que ressumam como baixa autoestima, consciência de culpa, reflexos de condutas masoquistas, anestesiam a fé religiosa, cristalizando pontos de vista negativos que hauriram no pensamento de filósofos e cientistas que se rebelaram contra as doutrinas dogmáticas, de conteúdos absurdos, estendendo a incredulidade a respeito de Deus, da imortalidade da alma, da reencarnação...

Dizem apoiar-se na impossibilidade de aceitarem a limitação, a própria finitude, para compreenderem o Criador e submeterem-se-Lhe, preferindo o nada gerador de tudo, as leis da casualidade, o absurdo...

Não obstante a segurança que parecem demonstrar, logo são colhidos pelas vicissitudes e aturdem-se, anelando por um encontro com a Divindade que gostariam de palpar, de ouvir, de conviver materialmente.

Afirmam que não têm motivos para crer, nem razões para aceitar as experiências dos outros, candidatando-se à busca equipados de ideias preconcebidas e respostas prontas, sempre carregadas de cepticismo.

Fundamentando-se nas teses de Haeckel, Spencer, Hegel, Freud, para nos referirmos a apenas alguns nobres pensadores, adotam a tirania da libido para tudo explicarem, fazendo ilações hipotéticas mediante conceituações complexas e perdendo-se no vazio das próprias elucubrações.

A deles é uma trajetória de conflitos e de insegurança emocional, permitindo-se o desbordar do orgulho pessoal doentio, como mecanismo de autovalorização, com o qual pretendem disfarçar a timidez e as torpezas mentais nas quais se debatem.

Certamente há exceções, constituídas por aqueles que, na falta de um apoio lógico para a crença ancestral, resolvem-se por uma atitude de descrença até o momento quando tenham ensejo de examinar o Espírito desalgemado de superstições e quejandos, muito do agrado dos indivíduos cômodos mentais e irresponsáveis morais.

O cepticismo é chaga espiritual que corrói muitas estruturas psicológicas, que se rebelaram contra o vazio existencial, o desamor que experimentam, a avidez emocional em que transitam.

Suas vítimas, invariavelmente, sofrem transtornos perturbadores, dos quais gostariam de libertar-se, duvidando da própria sanidade mental, não raro vivendo num turbilhão interior, enquanto se esforçam por manter a máscara da aparência jovial, quase feliz...

Experimentando inquietações sexuais e ambicionando por prazeres exaustivos, reduzem a existência humana ao hedonismo imediatista, que gostariam de fruir, e como isso é impossível, buscam apoio nas explicações psicanalíticas freudianas, assim como nas dos seus *filhos culturais*, para elucidarem os complexos conflitos comportamentais que os inquietam.

Naturalmente, não ignoramos a preponderância da libido na conduta emocional e psíquica do ser humano, no entanto estamos diante de um efeito cuja causa transcendendo aos fatos filogenéticos, tem as suas raízes no ser real – Espírito –, esse viajor da Eternidade, mediante as sucessivas reencarnações.

Uma análise lúcida a respeito da vida desvestida de modelos prontos e constritores leva sempre a conclusões seguras sobre a sua perenidade, e o Espírito rompe a couraça da matéria para surgir como o ser real, agente do pensamento que o quimismo cerebral decodifica em vez de elaborá-lo.

Negado ou desrespeitado, ele permanece vivo após o decesso tumular, e todo aquele que tentou aniquilá-lo desperta e constata-o vivo, queira ou não, recomeçando a experiência carnal sob os camartelos do sofrimento, amoldando-se aos impositivos das Leis Universais, que pairam soberanas acima de quaisquer conjunturas dando curso à inexorável marcha do progresso.

O Espiritismo, analisado e refletido nas fontes cristalinas da Codificação Kardequiana, tem os elementos indispensáveis para enfrentar o cepticismo e a negação, colocando pontes de segurança cultural entre a fé e a razão, a religião e a Ciência.

11
A BUSCA

Pairam, em todos os segmentos da sociedade contemporânea, as ansiedades e os medos, as rotinas e as aflições, as angústias e insatisfações desta época tão atribulada quão instável.

As décadas de cientificismo e tecnologia não conseguiram estruturar as resistências morais do ser humano, que se encontra enfastiado de tanto gozo, arrojando-se em novos prazeres, cada vez mais extravagantes e perturbadores.

A civilização, estabelecida em códigos morais complacentes, encobre com disfarces coloridos os rostos horrendos do sofrimento, que não se encoraja a desnudar.

As ânsias de glórias, nas galerias do exibicionismo, impulsionam milhões de inquietos à conquista do efêmero em detrimento do permanente, gerando desastrosas competições nos campos da dissolução dos costumes.

Fugas espetaculares conduzem a mole humana aos abismos das drogas, do sexo em desvario, da loucura nos seus vários matizes.

Diante do pandemônio que se generaliza, soluções apressadas por governos desatentos aos seus deveres e ambiciosos quão embriagados pelas paixões em que chafurdam não alcançam a criatura humana, na sua condição de célula-base da organização social. Massificando todos os seres e examinando-os pela linha inferior, olvidam-se da educação e da saúde, do trabalho dignificante e do equilíbrio, brindando periodicamente ensanchas para o gozo público, o exibicionismo da própria hediondez, o ridículo em que se comprazem.

...E a multidão, estimulada ao deboche, abandona os frágeis padrões da conduta ética, arrojando-se aos espetáculos excitantes da luxúria e do aturdimento, a fim de ocultarem a face monstruosa da fome, das doenças e da miséria, que se escondem abafadas pelas gargalhadas e o alcoolismo em desbordamento excessivo.

Em vez de serem estabelecidas diretrizes de equilíbrio e autodisciplina para o comportamento, estimula-se a vulgaridade, a promiscuidade, com insensatez agressiva, selvagem.

Não obstante, nessa onda de perversão dos costumes e da cultura, na algazarra e na balbúrdia musical, a alma humana, em si mesma, saturada dos excessos, busca, sem saber como nem onde encontrar, outros valores – aqueles que são de natureza espiritual.

Nessa inquietação e variedade de exaltação está implícita a necessidade, ainda não consciente, da paz, da realização interior, da harmonia emocional, da felicidade sem exaustão de forças...

O ser humano sofre os efeitos do hedonismo multissecular a que foi arrojada a cultura, muitas vezes disfarçada de religiosismo, que preconizava o Reino dos Céus com a usança dos bens terrenos, extorquidos de vidas que se estiolaram em circunstâncias detestáveis...

Odiando o mundo e suas expressões, tornavam-se, esses condutores das mentes, especiais monarcas e ditadores arbitrários, com suas cortes luxuosas e prazeres excessivos quão abomináveis.

As consequências tornaram-se inevitáveis e alcançam, nestes dias, índices alarmantes de descalabros morais.

O Espírito, no entanto, está fadado à plenitude. A força do progresso é inestancável. A felicidade constitui a meta final do processo evolutivo de todos os seres.

Por isso mesmo, já não satisfazem os sonhos que se convertem em pesadelos, os prazeres que não saciam, antes ensandecem, e, multiplicando-se as bacanais públicas e coletivas, mais rapidamente a alucinação devora os seus adoradores, tornando-os exaustos, sem forças para estancar o passo ante o socorro dos valores da inteligência e da cultura.

A reencarnação, isto é, o desconhecimento das suas leis, tem feito imensa falta à sociedade terrestre. A ignorância acerca do código penal da consciência pessoal e universal responde pelo desvario que avassala povos e nações belicosos, materialistas, que asfixiam a justiça e os direitos humanos nos pauis da devassidão e dos estertores das guerras.

Inevitável a mudança de comportamento ético do homem e do grupo social, no qual se movimenta.

Frustrado, após a volúpia do gozo, cansado e insaciado, o ser humano retorna, a pouco e pouco, às questões simples e puras da vida, à Natureza, respeitando-a, preservando-a, e ausculta o coração, onde se situa o amor, descobrindo o objetivo essencial da vida.

Com segurança, a débil chispa que lhe ilumina o íntimo aumenta a claridade e cresce fulgurante, facultando-lhe refazer o caminho, renovar-se e avançar com passo firme pelo rumo certo.

A busca iniciada nestes turbulentos dias prenuncia o encontro próximo do ser humano com a sua consciência, livre de conflitos e despida de atavios, aberta aos desafios do infinito e da imortalidade que não pode evitar.

12

LEI DE JUSTIÇA

Uma visão global da Humanidade apresenta um verdadeiro calidoscópio evolutivo, que caracteriza os indivíduos e os grupos sociais. Na sua imensa variedade, apresentam-se nos diferentes patamares do processo de desenvolvimento, desde os mais primitivos aos mais elevados, que se encarregam de supervisionar o contubérnio no qual os primeiros se debatem.

Destacam-se, nessa luta, bilhões de seres em estado de miséria intelectual e moral, rastejando nas necessidades do instinto, de que se não conseguem libertar, cultivados pelos impositivos dos governos injustos quão arbitrários, que os mantêm no primarismo, a fim de explorá-los e sacrificá-los, atendendo às próprias desmedidas paixões dirigidas pelo egoísmo cruel.

Analfabetismo, abandono, enfermidades dilaceradoras, fome e imundície constituem os látegos que rasgam as "carnes da alma" desses seres que habitam a nau terrestre pela reencarnação, em tentativas de progresso.

Pareceria, à primeira vista, que essa experiência redundaria inútil, pela falta de oportunidade para o crescimento moral e o aprimoramento intelectual dos candidatos. Todavia, se considerarmos que remanescem muitos milhões deles das *existências hotentotes e outros tantos são recém-chegados da antropofagia*, constataremos que são assinaladas já algumas primeiras conquistas no grupo social como no indivíduo em si mesmo.

Certamente não se justifica o tratamento que recebem dos dirigentes das nações onde se encontram ou dos países ditos civilizados, nos quais também enxameiam vidas primitivas que lhes pesam na economia moral de forma dolorosa.

Tais dirigentes, embora lúcidos no conhecimento intelectual e portadores de incomum astúcia que os projeta aos pontos relevantes de comando, são moralmente atrasados e darão "conta da sua administração", qual ocorreu com o Apóstolo Paulo, ao encerrar o seu ministério, só que o dele fora assinalado por luz e sacrifício, ficando a questão em aberto para todos quantos recebem os divinos investimentos e são convidados aos postos de mando e condução de outros seres...

Por sua vez, alguns desses indivíduos, violentos e promíscuos nas suas relações e atividades, provêm de mundos inferiores, onde são inimagináveis os mecanismos de regeneração e de desenvolvimento através da dor.

Que seria deles todos se não houvesse reencarnação, essa Soberana Lei de Justiça, para propiciar-lhes o desabrochar dos recursos valiosos, no momento adormecidos, qual sucede com a glande modesta, que guarda o gigantesco carvalho?

Saindo dos passos iniciais da evolução, lentamente avançam pela senda dos valores éticos e conquistam experiências que se lhes incorporam à vida, promovendo-os, etapa a etapa, até que a civilização real seja alcançada.

Não nos referimos à civilização convencional, na qual as guerras espocam contínuas, ferozes e sem piedade, deixando o horror, a degradação e o ódio por onde passam...

Crer-se-ia que as sucessivas beligerâncias já sofridas bastariam para demonstrar aos homens e às nações que todos os problemas podem ser parlamentados, discutidos e não disputados pelas armas que impõem aos mais fracos seus longos anos de hediondez e brutalidade. Por mais demorada seja a dominação de um sobre outro povo, sempre chega o momento em que os ditadores são apeados do poder pelas revoluções igualmente cruéis ou pela morte inevitável.

Nesses confrontos, novos derramamentos de sangue, viuvez, orfandade, vidas e corpos amputados geram e ruminam rancores que se transferem no tempo e no espaço para futuros enfrentamentos.

A reencarnação a todos faculta oportunidades valiosas para ressarcimentos, para ações nobilitantes, para a reabilitação.

Aqueles que escravizaram volvem ao proscênio terrestre sob a canga das mutilações que os encarceram, das alucinações que lhes cobram altos impostos morais ou sob sujeições físico-políticas em situações humilhantes e depuradoras.

Há um ininterrupto fluxo e refluxo no vaivém da evolução, conclamando os Espíritos às conquistas indispensáveis à felicidade.

A violência em predomínio que estruge nos seres mais desequipados de recursos intelecto-morais resulta das pressões e das injustiças daqueles que se locupletam com as vidas que se estiolam nas faixas iniciais do desenvolvimento espiritual.

A reencarnação é lei inexorável, da qual ninguém se evade e a todos conduz.

Utilizar-se com elevação de cada acontecimento no dia a dia, de cada momento de enobrecimento é ato de sabedoria que deve ser mantido e preservado por todos aqueles que despertaram para a sua realidade existencial, cientes dessa incomparável Lei de Justiça ao alcance de todos sem distinção.

13

LEI DE CAUSA E EFEITO

Infelizmente, na psicopatogênese dos distúrbios mentais, ainda não foi considerada a Lei de Causa e Efeito, o que redunda em grande dificuldade para a compreensão e tratamento dos males psíquicos que afligem a criatura humana.

Os conceitos tradicionais a respeito da hereditariedade, embora consideráveis, não respondem a todos os quesitos referentes aos mencionados transtornos que afetam o comportamento e a lucidez das personalidades alienadas. Tais heranças, nos mapas dos genes e cromossomos, não conseguem imprimir no cérebro e no sistema nervoso central as deficiências e desequilíbrios que caracterizam cada tipo psicopatológico.

Por outro lado, o *inconsciente coletivo* de Jung e os atavismos lamarckianos vêm sendo rejeitados pela genética moderna para desgosto daqueles que, na matéria, exclusivamente encontram as respostas para as interrogações pertinentes ao ser humano, na condição de bloco de células regidas pelo cérebro...

Desde as experiências de hipnose realizadas por Charcot e Janet, Liébeault e Bernheim, que o inconsciente foi detectado, não obstante filosoficamente conhecido desde séculos antes.

Os "depósitos" das experiências humanas foram encontrados, e a investigação penetrou nos arquivos da mente, elucidando vários acontecimentos patológicos, inclusive alguns que contribuíram para as enfermidades orgânicas.

Com a identificação por Freud do *inconsciente profundo*, acreditou-se que todas as ocorrências na área da paranormalidade não passavam de fixações e traumatismos ancestrais arquivados nos seus painéis, que a consciência não conseguia recordar.

Apesar disso, toda a longa experimentação parapsíquica a que se entregaram Crookes, Lombroso, Bozzano, Myers, Aksakof e muitos outros facultou confirmar que, nesse inconsciente profundo, além dos registros de atividades contemporâneas, encontravam-se, como alicerces seguros, os atos praticados em outras existências pelo ser, agora em diferente roupagem carnal, embora sendo a mesma individualidade.

A partir das sérias pesquisas de Allan Kardec no organismo humano, as evidências do intercâmbio entre o Mundo espiritual e o material se fizeram comprovadas, demonstrando que no córtex se instalam também núcleos de captação das vibrações dos seres que viveram antes.

Não consideradas essas valiosas contribuições parapsíquicas, que se encontram no corpo da Doutrina Espírita, permaneceram sombrias as equações para as problemáticas mentais, que permanecem desafiadoras, aguardando o contributo dos estudiosos das Ciências Psíquicas.

Sem desconsiderarmos as estratificações do inconsciente nas comunicações mediúnicas, não há como negar-se essa exuberante fenomenologia nas expressões inteligentes e nas físicas catalogadas pelo Espiritismo nos últimos cento e quarenta[5] anos de observações e estudos, desde o momento em que o codificador passou a examiná-los, em maio de 1855, em Paris.

Hipóteses retumbantes têm sido apresentadas para contestar esses fatos mediúnicos e eles suplantam-nas, surgindo com caracteres que aturdem os negadores, assim passando eles a exigências novas, sempre atendidas e ultrapassadas.

A interferência dos Espíritos no comportamento humano é incontestável e faz parte do pensamento histórico da sociedade terrestre.

Ao lado da loucura, encontra-se perturbando o ser a obsessão na sua múltipla faceta de simples, por fascinação e de subjugação, como decorrência de atitudes ignóbeis praticadas contra o próximo, que morreu mas não se aniquilou e, despertando no Além-túmulo, toma a clava da vingança e investe, enlouquecido, contra quem lhe desferiu os passados golpes de indignidade, não apenas da atual vilegiatura, mas também de outras pretéritas, que não ficaram apagadas no inconsciente profundo do ser desditoso.

Considerando-se a variada gama das obsessões, não há como negar-se a presença da Lei de Causa e Efeito na psicogênese das doenças mentais. Mesmo quando se trate da loucura clássica, contemplamos a referida lei, exigindo do infrator a reparação moral, pelo sofrimento, aos males praticados.

Nos recessos do ser, a *consciência de culpa* insculpe problemas psíquicos perturbadores, que ressumam como transtornos neuróticos e psicóticos que estão a exigir, além da conveniente psicoterapia acadêmica, a aplicação dos valiosos recursos da bioenergia, do esclarecimento do

---

5. Mensagem psicografada em 23 de novembro de 1994 (nota da editora).

paciente a respeito das suas responsabilidades na esfera de reabilitação, mediante a mudança de comportamento mental, renovando-se e adotando conduta compatível com a ético-moral e o dever, que foram desconsiderados e agredidos.

No futuro, certamente, quando os preconceitos acadêmicos cederem lugar à lídima cultura, serão estudadas nas psicopatologias humanas as Leis de Causa e Efeito como fator desencadeante dos distúrbios mentais e das somatizações, incluindo-se também os físicos, para que as terapias do amor e dos valores morais alcancem e libertem os enfermos, qual ocorria quando Jesus os tratava.

14
RENOVAÇÃO SOCIAL

Permanecem, teimosamente, nos horizontes morais da Terra, as sombras da ignorância espiritual, dificultando às criaturas a plena identificação dos objetivos humanos que direcionam para a plenitude.

Não há como negar-se a admirável paisagem das conquistas tecnológicas que a inteligência e o engenho do ser lograram, promovendo-lhe o progresso e o desenvolvimento exterior.

Nas diversas áreas do conhecimento podem-se constatar as realizações do pensamento bem direcionado, favorecendo a vida com incomparáveis logros.

Infelizmente, porém, permanecem nos mais diversos pontos do planeta os resíduos do materialismo perverso, remanescentes dos "instintos agressivos", fomentando os crimes hediondos, que já deveriam ter sido abolidos da estrutura cultural da sociedade hodierna.

Vive-se uma hora paradoxal, porquanto, ao lado dos movimentos enobrecedores que sensibilizam povos inteiros, aparecem os tormentosos monstros da guerra, que não poupam as vidas nem os patrimônios da Humanidade, erguidos mediante sacrifícios de incontáveis apóstolos e heróis.

Surgem novas esperanças para a eliminação de enfermidades horrendas e dizimadoras, enquanto a promiscuidade moral dos indivíduos faculta o surgimento de outras ainda mais cruéis.

Multiplicam-se os planos de paz nos organismos internacionais que representam as nações, e explodem, com incontida violência, fulcros de nefastos genocídios, quando se tenta eliminar tribos e raças inteiras do planeta, consideradas como *sub-humanas*...

Ganham dimensões imprevisíveis os movimentos de respeito pela vida, pelo ecossistema, e campeiam voluptuosos o aborto criminoso, a eutanásia impiedosa...

Ante a falência moral de governos irresponsáveis, que não cuidam das massas, a violência aumenta desenfreadamente, enquanto mentes atormentadas pretendem instaurar a obsoleta pena capital, de danosos efeitos, que nos países em que vige tem sido ineficaz para solucionar os graves compromissos decorrentes dos comportamentos alienados que derrapam na delinquência.

Suicídios inditosos e homicídios sórdidos, acompanhados de outros fâmulos da desintegração da sociedade, ameaçam as estruturas morais da Terra e, como efeito, momentos há nos quais o medo, o pânico, o desespero inspiram as pessoas a recorrerem à justiça pelas próprias mãos, como forma de anular o esforço brilhante de mais de seis milênios de cultura e de civilização.

Ao Espiritismo cabe a indeclinável tarefa de promover a renovação social do homem e da Terra.

Demonstrando a transitoriedade da existência física, faz que se compreenda a própria indestrutibilidade, graças à sua anterioridade ao corpo perecível, assim como à continuidade ao seu processo transformador pela morte.

Com esse conhecimento, equipa-se de valores morais para alterar os rumos existenciais e reprogramar a vida em diferentes padrões, aqueles que lhe têm servido de modelo.

Convencido da multiplicidade das existências corporais, descobre ser o autor do próprio destino, estabelecendo parâmetros éticos saudáveis para superar os desafios e superar-se, ascendendo na escala de valores morais.

Dilata-se-lhe, então, a visão espiritual, e ele se empenha para conseguir a comunhão com Deus, que "desumaniza", penetrando-Lhe a essência, amando-O e amando a Sua Obra, o seu próximo bem como a si mesmo, numa dimensão transpessoal, profunda, penetrado pelo espírito de lídima fraternidade.

A renovação será operada mediante a erradicação dos fatores que fomentam a miséria social, econômica, racial, cujas raízes são morais, portanto, fincadas no *solo* do egoísmo, esse adversário infeliz do processo de evolução do ser.

Favorecendo a paz íntima, evita a guerra e, quando se vê na contingência de enfrentá-la, combate com justiça e piedade, poupando os inocentes e os pacificadores...

Nesse sentido, os seguidores de Maurício vêm-se empenhando com abnegação, procurando reviver a gloriosa experiência do inolvidável legionário tebano, que preferiu morrer a matar, conduzindo no mesmo rumo de sacrifício aqueles que voluntariamente desejaram segui-lo.

A missão da *Cruzada dos Militares Espíritas* é promover a renovação social, iniciando-a no mundo íntimo de cada um dos seus membros, nos quartéis, nos postos de comando, na administração de entidades e de nações, abrindo espaços de paz para a vivência do Evangelho de Jesus restaurado pela interpretação espírita que, sem imposição, dominará as mentes e os corações do futuro, quando a renovação plena conseguir produzir uma sociedade justa, equânime e, portanto, feliz.

15

A GRANDE TRANSIÇÃO

Os pugnadores da insensatez, na sua ânsia de atrair adeptos para o banquete da alucinação, investem todos os seus recursos e técnicas do imediatismo, conseguindo arrastar as multidões desavisadas, que se arrojam nos abismos da insaciabilidade.

Como consequência, uma vaga expressiva de angústia afoga a sociedade contemporânea, deixando-a sofrida e em profunda perturbação.

De um lado, as conquistas da tecnologia proporcionam conforto e facilidades que se propõem a felicitar o ser humano, que goza, dominado pela terrível sede de novos prazeres e facilidades que arrebatam, mas não acalmam os sentimentos nem a razão.

A dor cavalga-lhe o dorso, e legiões de sofredores enxameiam nas clínicas e hospitais, ao abandono ou transitando pelo mundo, sob látegos invisíveis que se tornam insuportáveis.

Há glórias insuspeitas da inteligência e vilania do comportamento em paradoxos chocantes.

As pessoas refugiam-se nos seus lares ou nos clubes de sua predileção, temendo-se umas às outras, enquanto a criminalidade desenfreada ameaça a estabilidade social.

Condenam-se os indivíduos que delínquem, ao mesmo tempo que honorificam os promotores das guerras, dos genocídios hediondos, das perseguições às raças chamadas *inferiores*, bem como às minorias dependentes, homenageados com deferências e prêmios pelos serviços prestados à Humanidade...

A cultura se torna aviltada, e o culto aos deveres que dignificam o ser é considerado ultramontano, superado.

Apela-se para a constituição de uma nova ética, na qual as nações que se encontram quase sempre em choque de valores legislem em favor da pena de morte, da eutanásia, do aborto, pretendendo-se corrigir os crimes vergonhosos com atitudes mais ignóbeis, desde que tornadas legais...

As lições da História parecem nada haver ensinado à posteridade, porquanto continuam repetindo-se os mesmos espetáculos de agressividade e de horror.

Renascem das cinzas do quase esquecimento as hordas de apaixonados aficionados dos regimes totalitários, das perseguições assinaladas pela crueldade, do sadismo generalizado, aumentando as patologias da loucura.

As mentes jovens resvalam pelas encostas abissais das drogas destruidoras, do sexo em desalinho, e a maternidade juvenil estarrece, em face da leviandade e da ignorância das novas e despreparadas genitoras.

Ao mesmo tempo, acidentes chocantes que decorrem da irresponsabilidade dos gananciosos enlutam famílias, que se estiolam sob o guante do sofrimento sem consolo, e as convulsões sociais sacodem as comunidades, inspirando mais violência e mais desrespeito às frágeis leis e aos seus considerados representantes...

Certamente, também se desenvolvem o amor e a bondade; imolam-se heróis e mártires dos ideais de enobrecimento, conclamando à ordem, à esperança, ao bem.

Multiplicam-se os lidadores do idealismo superior, convidando à paz e vivendo-a, enquanto cientistas abnegados afadigam-se à exaustão para diminuir as calamidades que fazem estorcegar os seres humanos.

As doenças mutiladoras e destruidoras das defesas orgânicas, as perturbações mentais e comportamentais recebem contributos valiosos de nobres pesquisadores que se depauperam em exaustivas experiências, buscando vencer esses adversários da saúde humana.

Recursos preciosos no campo da autodescoberta são colocados a serviço da autoiluminação das criaturas, e terapias de amor são apresentadas em admirável conjunto de propostas, procurando libertar os Espíritos encarnados em si mesmos, que se negam à felicidade, à harmonia.

Cantam as vozes da esperança aos ouvidos ensurdecidos das massas, e lentamente uma fímbria de luz começa a romper a densa treva que predomina no mundo.

Ainda é pouco o que se está a fazer, e mais se terá que realizar a fim de que as paisagens terrestres refloresçam e a fraternidade campeie triunfante.

Nestes dias apocalípticos, nesta grande transição, a Mensagem de Jesus, restaurada pelo Espiritismo, é a diretriz de segurança para todos aqueles que perderam o rumo de si mesmos.

Com ela, a grande noite deixa-se salpicar de estrelas que diminuem as sombras, aguardando o próximo amanhecer.

Para que se estabeleça o dia de paz nos seres da Terra, todos estamos convidados, e aqueles que conhecemos a imortalidade da alma e a finalidade da existência corporal nos encontramos mais comprometidos para que sejam antecipados esses momentos que parecem tardar.

O trabalho, com o qual nos cabe alterar a grande transição que já se opera, está em pleno desenvolvimento e cumpre-nos não o adiarmos, nem estacionarmos ou temermos realizá-lo.

Jesus está à frente e convida-nos a segui-lO, contribuindo em favor do mundo melhor e mais feliz.

16
METAS ELEVADAS

Para alcançar as metas elevadas que lhe estão destinadas pela Vida, a criatura humana tem necessidade de experienciar uma filosofia otimista, constituída de valores irrepreensíveis que suportem a agressividade do cepticismo, assim como os apelos do prazer exaustivo e insensato.

Enxameiam, no entanto, nos arraiais da cultura, escolas diversas de pensamentos filosóficos, que não têm conseguido, na sua maioria, tornar os indivíduos mais felizes, menos sofridos.

Iniciando pelos filósofos pré-socráticos a busca das respostas para o enigma existencial, o Ocidente não se pôde furtar às influências do Oriente, particularmente da Índia, da China e do Egito, legatários das revelações espirituais, que chegaram às mentes abrindo espaços para a compreensão profunda do ser imortal e das suas sucessivas existências corporais.

Mais tarde, com o advento de Jesus e da Sua lição de vida, demonstrando em atos a excelência das palavras que Lhe constituem o código de ética e de comportamento, a cultura terrestre recebeu incomparável contribuição para minorar os conflitos humanos, para superar as dores excruciantes, para o enriquecimento de paz.

Não obstante, ao espírito dos ensinamentos predominou a forma externa dos enunciados, favorecendo o surgimento das áreas de atrito e, consequentemente, os grupos diferenciados de interpretação da Mensagem, com prejuízos graves.

Embora Jesus houvesse sintetizado todo o conhecimento antigo – leis e profetas –, assim como aquele que ministrava no amor, o orgulho humano e as humanas preocupações vãs alargavam os comentários intelectivos em detrimento dos conteúdos emocionais, e foram estabelecidos os dogmas coercitivos, castradores, trabalhados com finalidades pouco nobres, perseguindo interesses tão mesquinhos quão extravagantes.

É inevitável quanto inestancável a marcha do progresso, e fatal o mecanismo da evolução.

Mesmo assim, o processo cultural conduziu as aspirações do pensamento às mais discrepantes conclusões e propostas filosóficas. Umas se estribaram em precipitações científicas; outras se fizeram decorrência de profundas frustrações psicológicas; diversas se tornaram resultado de esdrúxulas condutas pessimistas-derrotistas, produzindo um caos comportamental, no qual se atiram milhões de criaturas desassisadas, amarguradas, inquietas, sedentas de prazer...

O ser humano é muito complexo, na sua realidade trinitária – Espírito, perispírito e matéria –, para ser trabalhado com precipitação, indiferença ou menoscabo em apenas sua faceta carnal.

Como efeito, o imediato sempre exerceu predomínio e destaque na sua escala de valores, havendo desenvolvido, por isso mesmo, um grandioso parque industrial para facilitar-lhe a existência, empenhando-se no trabalho científico e tecnológico, com menor afã pela cultura moral.

Faz-se-lhe, então, enorme distância entre as duas realizações: a da mente e a da conduta.

O século das glórias estelares, das viagens velozes e das telecomunicações também se caracteriza pelos crimes hediondos, pelas fugas psicológicas espetaculares através das depressões, dos distúrbios de pânico, dos transtornos psiquiátricos, da loucura e do suicídio...

A vida humana perece em mãos bárbaras, nas ruas e lares do mundo, sem qualquer valor, anulada e interrompida sem a menor consideração.

Indaga-se com frequência: – *Para onde marcha a Humanidade?*

As incertezas pairam no ar, e apresentam-se sombrias as horas do próximo amanhecer do Terceiro Milênio.

Há quem o aguarde com entusiasmo e ingênuas quão otimistas perspectivas, esquecendo-se de que a evolução é lenta, principalmente a de natureza moral.

Certamente a Divindade possui planos bem elaborados em favor do progresso da humanidade terrestre como do próprio planeta.

Aqueles Espíritos rebeldes que teimarem em provocar a hediondez e o terror com certeza não retornarão ao generoso seio da Mãe-Terra, que não souberam respeitar nem auxiliar, sendo conduzidos a experiências em orbes menos felizes, onde desenvolverão os tesouros iluminativos que lhes jazem latentes... Outrossim, milhões de trabalhadores do bem mergulharão nos fluidos do corpo físico, promovendo o pensamento filosófico, desenvolvendo o amor e estabelecendo o primado da luz no mundo...

Indispensável, porém, seja iniciado esse trabalho desde já no âmago de cada indivíduo, na sua condição de Espírito lúcido, vivendo e cultivando uma filosofia centrada na existência de Deus, na certeza da imortalidade da alma e sua comunicabilidade com os demais seres humanos, na reencarnação, por cujo curso transita, etapa a etapa, no rumo da perfeição.

Esse conjunto de certezas fundamentadas nos fatos mediúnicos e nas informações espirituais permite que o Espiritismo – que vem enfrentando com equilíbrio os choques desafiadores do materialismo e da indiferença, da negação sistemática e do fanatismo religioso – conduza com segurança aqueles que o abraçam e se alimentam dos seus postulados, estruturados na ética moral do amor, da solidariedade, da tolerância, do trabalho, da caridade, como recursos hábeis que os plenificam.

Não se trata de uma crença hereditária, convencional, momentânea, senão de uma consolidação de conhecimentos que induzem à ciência da fé racional, possuidora de bases capazes de enfrentar a "razão de todas as épocas da Humanidade", conforme vem ocorrendo desde o surgimento de *O Livro dos Espíritos*, de Allan Kardec, publicado em Paris, no dia 18 de abril de 1857.

Mediante a vivência desses robustos princípios ético-filosóficos, à criatura humana será factível alcançar as elevadas metas existenciais que a Vida lhe reserva.

17

ONDAS MENTAIS

São muitos os fatores externos que propelem a criatura humana para o desenvolvimento dos tesouros que lhe jazem adormecidos.

Conforme sejam direcionados, podem conduzir ao desequilíbrio, à inarmonia, à irritação, desajustando a emoção, o comportamento e conduzindo ao caos interior.

Poder selecionar os contributos do mundo exterior, direcionando aqueles que inspiram à elevação, deve ser do interesse de cada um, a fim de superar os atavismos ancestrais que geram arrastamentos para o mal e são remanescentes da natureza animal ainda em predomínio.

Vivendo e respirando física como psiquicamente em campos vibratórios carregados de ondas mentais, sintoniza e absorve os potenciais que as constituem, sendo emulada ou desestimulada para a luta de enobrecimento.

Da mesma forma como se pode captar o exsudar de odores e suores físicos, também se consegue – e com maior frequência, mais facilidade – registrar o transudar das energias emitidas pelos pensamentos humanos que enxameiam em turbilhão nos campos de vibrações terrestres.

Porque se destaquem as cargas mentais perturbadoras, em razão do teor evolutivo dos seres que se movimentam no mundo, as pessoas sensíveis são assaltadas pelas vibrações fortes e deletérias, tornando-se vítimas dos seus conteúdos. Por outro lado, aquelas que são de constituição mais primária, com maior facilidade absorvem esses *vapores* psíquicos, fazendo-se violentas e vulgares em razão da sobrecarga que experimentam.

É quase infinitamente numeroso o grupo de indivíduos portadores de sensibilidade psíquica e mediúnica, que desconhecem ou não lhe dão conveniente atenção, que além da captação das ondas mentais dos seus semelhantes experimentam sintonia com os desencarnados do mesmo teor, demorando-se-lhes submissos em estágios graduais de obsessão, a qual termina por instalar-se-lhes de maneira cruel.

Se considerarmos a própria vida íntima, nem sempre orientada para o bem e a ordem, constataremos o conflito que nela se estabelece, gerando complicados processos psicopatológicos que se avolumam com a captação das ondas mentais exteriores de outros indivíduos iguais ou dos Espíritos perturbadores.

Esse mecanismo infeliz deve experimentar reações compatíveis com a necessidade de evolução, de maneira que sejam rompidos os elos e extirpadas as matrizes magnéticas captadoras, que se encontram nos tecidos sutis do corpo perispiritual.

Enquanto o ser humano não se resolver por ascender, aspirando à conquista de patamares superiores, para cujo logro se deve empenhar, permanecerá nas faixas mais densas e atordoantes da mente em estado de sonolência, de desdita, de enfermidade.

O tropismo divino funciona por automatismo e todos nos encontramos atraídos por essa energia geradora de vida.

Naturalmente, na etapa inicial, em que se faz necessário romper as cadeias do primitivismo, dificuldades emocionais e psíquicas surgem, produzindo impedimentos, pois que o hábito de pensar mal, de permanecer em níveis inferiores do sentimento torna-se barreira invisível que somente a pouco e pouco é transposta, passando-se a experimentar diferente psicosfera, portadora de harmonia e saturada de vibrações salutares quão agradáveis.

Lentamente, vão ficando no passado as sensações mais grosseiras, substituídas por emoções mais sutis e gratificantes, que se tornam emulação para a contínua tarefa de ascensão aos páramos da luz.

Estimulando-se o homem e a mulher para a conquista da real alegria, pórtico da legítima felicidade, devem esforçar-se para sintonizar com a Mente Divina, cujas irradiações vencem as fortes descargas humanas, facultando a própria identificação com o Criador.

Ondas mentais varrem todos os rincões do Universo, ajudando as criaturas a fixarem-se naquelas que mais lhes sejam convenientes, fadadas, porém, ao desenvolvimento interior e à sincronização com as faixas vibratórias da Perfeição que deu origem a tudo e a todos.

18
EXCELÊNCIA DO ESPIRITISMO

"Caminhando de par com o progresso, o Espiritismo jamais será ultrapassado", asseverou o nobre codificador, concluindo, "porque, se novas descobertas lhe demonstrarem que está em erro acerca de um ponto qualquer, ele se modificará nesse ponto. Se uma verdade nova se revelar, ele a aceitará".[6] Isto decorre da sua constituição eminentemente evolutiva.

Resultado da conjugação das forças de ambos os planos da Vida, forma um bloco hígido, por apresentar a realidade que transcende as percepções humanas e possuir o conjunto dos conhecimentos e das necessidades terrestres.

Não sendo fruto de um sistema de ideias preconcebidas, adrede elaboradas, é todo um corpo de informações defluentes da investigação em torno das questões fundamentais do pensamento filosófico: Deus, imortalidade da alma, Justiça Divina!

---

6. KARDEC, Allan. *A Gênese*: os milagres e as predições segundo o Espiritismo. Trad. de Guillon Ribeiro. 48. ed. Rio de Janeiro: FEB, 2005, cap. 1 (nota do autor espiritual).

Enquanto as doutrinas religiosas do passado e algumas do presente partem de pressupostos que adquiram e mantêm direito de cidadania, impondo-se sem o concurso da razão, a visão espírita, radicalmente oposta, propõe as teses que resultam da experimentação, havendo resistido aos embates apresentados pela lógica e mediante o senso crítico e mesmo a negação.

Opondo-se, pelos fundamentos que o constituem, ao materialismo, à incredulidade sistemática, à ignorância travestida de presunção injustificável, estabelece linhas de comportamento lógico para discernir, liberando o ser dos grilhões do *nadaísmo* e da conduta fanática proposta pela *fé cega*.

Antecipando a pesquisa da Ciência na sua face multifária, propõe um ser humano estruturado na energia que se condensa em corpo carnal e que, ao diluir-se pelo fenômeno biológico da morte, trá-lo de volta à origem, ao princípio basilar em que assenta a sua organização.

Demonstrando a pluralidade das existências corporais, enfrenta a fatalidade no que possui de mórbido e dantesco, para apresentar o finalismo da evolução, que se amplia à medida que são conquistados os patamares inferiores.

Dignifica o indivíduo, tornando-o responsável pelo processo da sua integração na harmonia cósmica, em face do equilíbrio de leis inamovíveis elaboradas com sabedoria para reger o Universo.

Esse esquema de experiências iluminativas desdobra-se ilimitado diante do candidato à felicidade, que se sente estimulado a progredir, sem receio de punições arbitrárias ou de prêmios irrelevantes.

A satisfação de saber, de superar-se, de granjear recursos íntimos de paz constitui a emulação e o prêmio que lhe facultam a harmonia interior.

Todas as suas ações defluem dos hábitos mentais cultivados, e os superiores ensejam-lhe a ascensão vibratória, por meio da superação das faixas grosseiras da vulgaridade como do primitivismo.

Quanto mais se lhe amplia a visão do Infinito, tanto mais se afadiga por conquistar amplos espaços, a plenitude.

Os erros são-lhe experiências que supera etapa a etapa, aprimorando os sentimentos e arrancando a jaça que oculta o diamante estelar que lhe jaz no íntimo – o Espírito.

Todo esse processo encontra respaldo na comunicação mediúnica, por cujo meio demonstra a sobrevivência da alma e os efeitos do comportamento enquanto se movimenta na aprendizagem carnal.

A vitória da vida sobre a morte é a mais consoladora demonstração do Amor Divino, que nos criou para a glória galáctica.

Os objetivos existenciais adquirem sentido profundo e representam meio para nunca se abandonar a liça nem desanimar no entrechoque dos processos de superação da mesquinhez para a aquisição da grandeza espiritual.

Sua ética-moral, fundamentando-se no amor, é síntese de todas as nobres doutrinas da Humanidade, desde aquelas que surgiram em priscas eras até as atuais, que o pensamento transpessoal e sociológico demonstra ser a fonte de inexaurível satisfação por preencher todos os requisitos necessários à paz, à saúde real, ao progresso.

Refletindo-se na caridade em ação, esse amor se transforma na essência existencial de cada indivíduo, vitalizando-o, fortalecendo-o para superar os limites das forças, da mesma forma que o projeto no tempo e no espaço, fazendo-o prelibar as alegrias que decorrem da consciência digna sem culpa nem conflito.

Deus é-lhe a base sobre a qual assenta todas as suas formulações filosóficas e religiosas, hauridas na Lei de Causa e Efeito, graças ao princípio fundamental, quando enuncia que tudo aquilo que existe e não foi feito pelo homem, mas por Deus, Causa Primeira e Inteligência Suprema, foi realizado.

Assim, marchando com o progresso, o Espiritismo avança ao lado das honoráveis conquistas do ser humano, desde que este aplica na Terra as informações que traz das Esferas espirituais, portanto, de onde vieram os alicerces doutrinários da ciência espírita.

Aprofundar a análise dos seus conceitos mediante o estudo e a reflexão, pela análise e comparação dos seus postulados com a razão de todas as épocas, ei-lo vitorioso, excelente, conduzindo as mentes e os corações no rumo da sua plenificação espiritual.

19
INTEGRAÇÃO DOUTRINÁRIA

À medida que as ideias enobrecidas adquirem notoriedade e passam a ser aceitas pelas multidões, experimentam o risco de perderem em profundidade o alto conteúdo de que se revestem, pelo que adquirem em superficialidade.

De imediato aparecem intérpretes de ocasião para lhes darem novas informações, adaptando-as ao próprio temperamento, ao raciocínio e à maneira como conduzem a existência.

Alguns, mais exaltados, preocupam-se em defendê-las, organizando sistemas e ortodoxias nos quais as aprisionam, tornando-se os únicos em condições de bem entendê-las.

Outros, mais cômodos, buscam enxertar-lhes modismos, em tentativas de atualizá-las, desfigurando-lhes as lições, que passam a adaptar-se às paixões e condicionamentos da sua irresponsabilidade moral.

Diversos propõem reformulações ao sabor da sua óptica, encontrando erros e conceitos que afirmam ultrapassados, de forma que a jactância e a presunção pessoal eleja-os como reformadores, todavia, perfeitamente dispensáveis.

Assim aconteceu com o pensamento de Jesus, tanto quanto com diversas doutrinas libertadoras de consciências e de sentimentos.

O Espiritismo não poderia ficar indene a essa tendência modernista e transformadora da inquietação mental humana.

Mesmo sem um conhecimento real e profundo dos seus postulados científicos, das suas explicações filosóficas e da sua ética moral e religiosa, pessoas inadvertidas investem com frequência, apresentando teses ingênuas e passadistas, métodos profanos transitórios, recursos culturais apressados, desejosos de introduzi-los no movimento, sempre ávido de novidades, porque constituído por indivíduos quase sempre desequipados do conhecimento doutrinário em trânsito ligeiro pelas suas fileiras.

Adentram-se pela Casa Espírita essas pessoas, travam contato com a doutrina rapidamente e sentem-se credenciados a propor reformulações e mudanças, apêndices de outras crenças em voga, com a mesma facilidade desvinculam-se do compromisso, quando não aceitas as suas sugestões, nem aplicadas as suas propostas.

O Espiritismo é uma doutrina granítica, em face da estrutura da Codificação.

É verdade que aceita todas as contribuições do progresso que a Ciência confirma, porém mantendo a sua estrutura especial, por proceder da Imortalidade para a Terra, e não desta para aquela.

Certamente, grande número de adeptos sinceros que mourejam nas suas fileiras constitui segurança para o comportamento doutrinário sereno e convicto, sem as alterações oscilantes daqueles que se comprazem com as novidades de breve duração.

Por isso mesmo, o compromisso com o Espiritismo leva a atitudes de fidelidade, de integração nos seus postulados, pautando a conduta nas diretrizes morais que estabelece como recurso iluminativo e libertador.

Existem – e multiplicam-se – admiráveis conquistas do conhecimento e do progresso da Humanidade, que vêm contribuindo para a transformação da sociedade e do mundo para melhor.

São esforços grandiosos de missionários comprometidos com diferentes áreas do processo da evolução, promovendo o ser humano e o planeta.

Respeitando-os, no entanto, no labor que desenvolvem, evite-se trazer para a Casa Espírita as suas realizações, que podem desviar do compromisso primordial com a própria doutrina aqueles que lhe estão vinculados.

Ajude-se quanto se puder, porém, estabeleçam-se critérios de aplicação para cada atividade no seu lugar, de modo que se não dividam os trabalhadores em grupos e facções competitivos, arregimentando membros para as suas respectivas áreas.

Afirmando e demonstrando a imortalidade da alma e a Justiça Divina, o Espiritismo mergulha a sonda das indagações no organismo das Ciências e, remontando às Causas da Vida, estabelece as linhas éticas para o comportamento feliz, trabalhando o ser integral, indestrutível, sem cuidar apenas de uma das suas partes, por mais importante pareça.

Não comportam na inteireza doutrinária adenda salvacionista, contribuições simplistas de soluções apressadas, aplicações de fórmulas de ocasião.

O cerne dos seus ensinamentos está na Lei de Causa e Efeito, que o amor e a caridade conduzem com sabedoria, propondo a criatura ditosa.

A integração doutrinária, portanto, neste momento de expansão dos postulados espíritas, faz-se imprescindível, a fim de ser preservada a qualidade da sua mensagem mesmo que em detrimento da quantidade dos seus adeptos.

O Espiritismo é a grande luz que verte do Alto para libertar os homens da ignorância, do fanatismo, da incredulidade, levando-os de volta a Deus, à comunhão harmônica com a Consciência Cósmica.

20
POLÊMICAS ESPÍRITAS

Os fariseus, especialmente os sacerdotes e levitas, na sua generalidade buscaram tornar o ministério de Jesus Cristo na Terra quase impossível de realizado.

Presunçosos e falsamente doutos, não postergavam ocasião de interrogar o Mestre, tentando confundi-lO mediante arbitrários sofismas, nos quais desfiguravam os fatos, a fim de embaraçar-Lhe o conteúdo da Mensagem.

Fingindo pureza, que estavam longe de possuir, e aparentando fidelidade à lei e aos profetas, que dissimulavam respeitar, agrediam-nO a cada momento e, quando vencidos pela Sua serenidade e Sabedoria, estimulavam a desordem, fomentando o combate que terminaria pela crucificação, embora não lograssem vencê-lO.

Mais tarde, os cristãos passaram de perseguidos pelos poderosos terrestres para a condição infeliz de perseguidores, tornando-se falsamente detentores da verdade absoluta e juízes cruéis de todos quantos pensavam diferente deles ou eram suspeitos de tal comportamento...

Na área da Ciência, a mesma atitude predominou em muitas academias que se acreditavam iluminadas pelo conhecimento supremo, permitindo-se o luxo de agredir, anatematizar e perseguir aqueles que lhes não seguiam a cartilha ou que se destacavam sem a sua proteção.

É da natureza humana a presunção de cada criatura considerar-se credora de todos os privilégios em detrimento das demais.

Aderindo a um ideal, torna-se o único a saber, tudo imprimindo a sua forma de ser, submetendo-o aos caprichos da sua óptica pessoal e atacando as demais que se encorajam a incorporá-lo ao seu cotidiano, porém, livre de submissão e dependência...

Nos *tempos heroicos* da divulgação do Espiritismo, os trabalhadores das *primeiras horas* padeceram a injúria, a perseguição sistemática, o opróbrio de religiosos fanáticos e de inteligências tidas por brilhantes, que se lhes opuseram, desencadeando covardes campanhas de desmoralização e crueldade, mediante as quais esperavam deter o avanço da doutrina libertadora.

Certamente, os seus paladinos convidados ao debate, ao esclarecimento, equipados de serenidade, raciocínio e conhecimento espírita, desarmavam-nos sem a usança dos instrumentos indignos da calúnia, das acusações injustas, objetivando esclarecer e iluminar, em vez de pensar em os destruir e os esmagar...

À medida que o Espiritismo adquiriu cidadania e passou a merecer o respeito daqueles que o antagonizavam, diminuídos os torpes combates de fora para dentro, surgem novas frentes de batalha, porém, infelizmente, dentro dos seus arraiais doutrinários.

Calúnias adquirem foro de verdade; acusações vigorosas de deslealdade tornam-se comuns; conspurcam-se pessoas e instituições honradas através de golpes fortes de crueldade, infelizmente em nome da pureza do Espiritismo.

Kardec é utilizado nessas lutas, nas acusações e nas defesas.

Interpretaram-no com pressa e aplicam-lhe o resultado do raciocínio pessoal, estabelecendo-se critérios de governanças do movimento e desejando-se submetê-lo ao talante da paixão de cada novo portador da verdade.

Agora que o campo se encontra arado, recebendo as sementes, dividem-se os trabalhadores, buscando supremacia uns sobre os outros, em lamentável demonstração de farisaísmo ultramontano e prosápia antiespírita.

O Espiritismo é doutrina de liberdade, de livre exame, que expõe sem impor, que ilumina sem humilhar.

Não tem chefe nem condutor, sendo aberto a todas as criaturas, que o entenderão conforme o próprio nível de consciência e possibilidade intelectual.

Não condena nem persegue, ensejando o autoencontro e a autorrealização do candidato ao labor nas suas fileiras.

Portador de estrutura científica e filosófica insuperável, sustenta-se no pensamento de Jesus Cristo, religando a criatura ao seu Criador, contribuindo eficazmente para a plenitude do ser humano e a sua libertação das paixões dissolventes.

A dissensão entre os seus adeptos é o único meio de retardar-lhe a mancha e dificultar-lhe a propagação.

É justo que pensem diferente uns dos outros os seus profitentes, neste ou naquele ponto, que sejam interpretados de forma variada alguns ensinamentos, mas que o respeito ao próximo permaneça é impositivo doutrinário.

Em todos os campos do pensamento a liberdade deve viger, e o direito de agir como a cada um apraz sem que perturbe outrem é conquista do progresso da vida humana.

A melhor maneira de ensinar corretamente o Espiritismo é fazê-lo de forma digna, vivendo-lhe os postulados morais e permitindo aos demais um comportamento equivalente.

Aqueles que realmente amam o Espiritismo não se tornam geradores de polêmicas perturbadoras, antes trabalham e exemplificam, fazendo da própria vida a lição doutrinária que confirma as teorias contidas na Codificação, que permanece atual e desconhecida, aguardando saudável e digna divulgação.

Nós, os Espíritos-espíritas, que mourejamos na atividade doutrinária antes da desencarnação, nos dias difíceis do passado, desejamos conclamar os companheiros dedicados à permanência na tranquilidade e no trabalho, sem perder tempo nas infindáveis polêmicas e querelas, através das quais discutidores desejam exaltar o próprio *ego* em detrimento da divulgação equilibrada do pensamento espírita.

Jesus é o exemplo. Sempre convocado à discussão vazia e agredido, respondia com lógica ou através de notáveis silêncios, por saber que eles, os *polemizadores* desocupados, não mereciam maior preocupação.

Da mesma forma, Allan Kardec manteve-se sempre ético e estoico em todas as situações em que era convocado às questiúnculas inúteis, abordando as questões com elevação e prosseguindo sem olhar para trás.

Permaneçam, pois, lúcidos e tranquilos, na divulgação e na vivência do Espiritismo, os servidores fiéis, despreocupados com o puritanismo e a pureza de aparência, intimamente vinculados ao bem e ao dever, certos de que, num "planeta de provas e expiações", ninguém passa sem padecer incompreensão, dificuldade e dor, especialmente quando a serviço dos ideais dignificadores da Humanidade.

21
REVOLUÇÃO ESPIRITUAL

O conhecimento do Espiritismo – doutrina científica, racional e moralizadora – deve promover, naquele que o adquire, uma revolução interior significativa e enriquecedora.

A informação de sobrevivência do Espírito à disjunção molecular do corpo, demonstrada pela experimentação mediúnica, induz o ser a uma expressiva análise dos seus conteúdos comportamentais, impondo-lhe a transformação moral para melhor, sem a qual perde o significado, o objetivo de que se reveste.

Demonstrando que a existência corporal é oportunidade relevante para o crescimento intelectual e espiritual com bases éticas inamovíveis, enseja o aproveitamento do tempo e da oportunidade para a aquisição dos recursos iluminativos indispensáveis ao equilíbrio, ao desenvolvimento dos títulos de enobrecimento que lhe jazem em embrião no íntimo.

Não se apresenta com rigidez dogmática de qualquer natureza, tampouco permite a moral cediça ou de conteúdos contraditórios.

Todo o seu corpo doutrinário obedece a uma linha mestra centrada na lógica e, cimentando-se no amor, contribui para as experiências da evolução pelo intelecto e pelo sentimento, do que resulta a aquisição da real sabedoria.

Esse conjunto filosófico exige estudo, reflexão e aplicação, comportamentos inevitáveis a serem assumidos por homens e mulheres honestos que o busquem, sem margem para interpretações diletantes ou perturbadoras.

Das primeiras conclusões a que se chega – Deus, imortalidade da alma e comunicabilidade do Espírito –, o raciocínio conduz à compreensão das Leis de Causa e Efeito, de Adoração, de Trabalho, de Progresso, de Equilíbrio Moral...

A caridade logo assume o seu real papel de modeladora do caráter humano, ensejando a aplicação do amor em toda a sua amplitude, a partir do que se dedica a si mesmo e generalizando-se em direção ao próximo como efeito do oferecido a Deus.

De imediato, impulsiona a razão a uma autoanálise de profundidade, por meio de cuja conduta estabelece um programa para a retificação dos erros e aprimoramento das virtudes.

As criaturas que são psicologicamente maduras no Espiritismo encontram o de que necessitam para plenificar-se, aceitando-o com decisão, sem as comuns alternâncias de conduta emocional e moral diante dos grandes desafios.

Os outros, que ainda são imaturos, têm o grandioso ensejo de desenvolver os recursos potenciais, caso pretendam seguir-lhe os postulados.

A todas as pessoas o conhecimento espírita propõe uma inadiável revolução de grande alcance e de imediatos resultados, nem sempre vitoriosa, senão nos caracteres decididos e honestos para consigo mesmos, porquanto sabem impor-se a eleição de novas atitudes com o consequente abandono das antigas.

Nessa fase, torna-se impossível negacear a verdade, postergando-lhe a assimilação, fazendo-se premente o anseio da transformação pessoal, passando da teoria para a prática.

A escala de valores do que interessa e deve ser vivenciado surge imediata, selecionando aqueles que são ilusórios, angustiantes e que geram ansiedade para eleger os que elevam e felicitam.

Como resultado, o indivíduo torna-se otimista, rico de esperanças, trabalhando sem cansaço pela renovação geral e pelo progresso de todos que constituem o grupo social no qual se movimenta.

A sua visão de vida se dilata e torna-o tolerante com as deficiências alheias, por conhecer a luta que trava para libertar-se das próprias.

Sabe que é fácil adquirir virtudes, quando estas se impõem, mas que é muito difícil libertar-se de quaisquer vícios nas mesmas condições.

Específica alegria se lhe exterioriza sempre e, quando acoimado pelas provações e testemunhas, dá mostras da inteireza da fé, permanecendo idealista, embora as naturais manifestações do sofrimento que o visita.

Não busca impor-se nunca, fazendo-se acessível e expondo com educação o seu pensamento, sem agressividade para com aqueles que não concordam com as suas ideias.

Tornando-se espírita, segue uma linha de equilíbrio sem altos nem baixos no humor e nos relacionamentos, evitando extravagâncias ou paradoxos na realização dos seus labores, sempre afável e correto, seguro de si mesmo e confiante nos resultados dos tentames espirituais a que se afervora.

Unindo à crença a forma de viver, soluciona os problemas morais, esforçando-se por atendê-los à medida que se apresentam sem jactância nem falsa humildade, que seria um disfarce para a subserviência.

Nunca transfere para o futuro espiritual a equação dos compromissos, por isso mesmo não assume novos gravames, lutando tenazmente para não adquirir débitos, iludindo-se no prazer fugaz de agora que exige pesado ônus fora do corpo...

Se o conhecimento espírita não produzir essa revolução interior, demonstrando a equívoca situação em que o ser se encontra diante das grandiosas possibilidades que o aguardam, tal candidato, em verdade, não se deixou envolver honestamente pela mensagem, permanecendo sem condições de tornar-se-lhe adepto sincero.

Isso acontece a muitos que "entram no Espiritismo, mas em quem o Espiritismo não entra"...

Pululam, infelizmente, esses candidatos, mesmo na seara, sem que se tornem espíritas verdadeiros, os quais se fazem conhecidos, como esclareceu Allan Kardec, "pela sua transformação moral e pelos esforços que empregam para domar suas inclinações más".

Desse modo, "o verdadeiro espírita é o verdadeiro cristão", herói da revolução espiritual silenciosa, que trava e ganha.

22

OS CRIMES HEDIONDOS
(PENA DE MORTE)

A caracterização dos crimes odiosos varia de povo para povo, conforme o Código Penal de cada nação, considerando-se o seu nível de cultura, civilização e moralidade. Como consequência, diferem-se, de igual modo, as penas aplicáveis aos criminosos hediondos.

Na antiguidade hebraica as punições eram severas em demasia quando se tratava de delitos considerados graves, culminando quase sempre na pena capital pelo apedrejamento.

Em outros povos, as punições se caracterizavam também pela impiedade e selvageria, desde os açoites à crucificação, ao esquartejamento, ao sepultamento em vida, ao afogamento, ao enfrentamento de feras ou de outros facínoras, gladiadores etc.

Amenizada posteriormente pela Lei de Talião, ainda em Israel, que considerava *tal* crime *qual* a punição, derivou-se no "olho por olho, dente por dente".

Jesus, mais tarde, sem as revogar, apresentou a Lei de Amor com o conveniente "perdão das ofensas" como ideal para o indivíduo e a sociedade.

Não obstante, os códigos da humana legislação saíram dos porões medievais e das sórdidas prisões do passado, onde se morria à míngua de pão e água, ao abandono, ou dos flagelos, infelizmente célebres da Inquisição e de outras organizações, para comportamentos mais consentâneos com os sentimentos de humanidade.

De Rousseau ao marquês de Beccaria e deste aos modernos penalogistas, o criminoso passou a ser considerado um ser carente de reeducação, e não apenas de punição, culminando com a destruição da sua vida.

A Humanidade sempre conheceu criminosos hediondos que dizimaram povos, que tentaram exterminar raças em genocídios inomináveis, ou que destruíram vidas individual e coletivamente com requintes de crueldade, merecendo o desprezo e a comiseração dos séculos posteriores.

Nabucodonosor, rei da Caldeia, por exemplo, cegava com um bidente os vencidos nas suas odientas batalhas, sendo perseguido por outros não menos ferozes guerreiros em épocas futuras...

Napoleão, apesar da sua grandeza militar e do respeito que desfrutava, não trepidou em mandar matar os soldados que se lhe entregaram após a Batalha de Jafa, sob o compromisso de preservar-lhes a vida, justificando o ato criminoso pela escassez de víveres para as suas tropas no Egito...

Campos de concentração, de trabalhos forçados e de extermínio, de ontem como hoje, foram erguidos e prosseguem mantidos alguns por vencedores arbitrários de regimes políticos impenitentes...

De Domício Nero, Deocleciano, Agripina, Calígula, a Eichmann, a Hitler, a relação é expressiva, passando pelos infelizmente célebres Jack, o Estripador, e criminosos em série, hoje em voga nos países civilizados do mundo, ainda permanecem os atormentados fomentadores da morte por violência e pela impiedade.

Masoquistas uns, sadomasoquistas outros, tais criminosos incomuns atestam o primitivismo que ainda paira sobre a sociedade, que se encontra aturdida ante a vaga volumosa de violência e criminalidade que toma conta dos seus arraiais, ameaçando e arrebatando vidas.

Conduzidos pelos instintos brutalizados, diversos legisladores recorrem à pena de morte como solução imediata para um problema muito complexo, qual é o dos criminosos odiosos.

Necessitar-se-ia, inicialmente, definir-se quais são esses crimes, sob a óptica de criminalistas e juristas capazes, não pela dos tecnocratas e legisladores de ocasião, desconhecedores da problemática do ser e das complexidades do fenômeno humano.

Cesare Lombroso, examinando o criminoso, tentou estabelecer características fisiológicas que o denunciassem de alguma forma, procedendo, à semelhança de Lavater, na fisiognomonia. Os fatos, porém, demonstraram o equívoco do eminente antropologista nessa área, e as doutrinas psíquicas melhormente aprofundaram o estudo das personalidades psicopatológicas arrojadas no crime, propondo terapias especializadas de saúde e recuperação, em vez de punição que lhes aniquile a vida.

Por outro lado, os sociólogos constataram a influência do meio social, econômico e familiar com todas as suas misérias, predispondo ao crime ou mesmo propelindo, sugerindo, simultaneamente, a recuperação mediante o trabalho, a educação e a dignificação humana.

O conhecimento, no entanto, da reencarnação é o único que pode contribuir com eficiência para o entendimento do criminoso em geral e do hediondo em particular, ensejando que os recursos da reeducação – amor e trabalho, instrução e profissionalização – possibilitem ao calceta a reparação do delito mediante a própria transformação moral e a ação edificadora a benefício da sociedade.

Certamente, na aplicação da pena, eliminando-se a de caráter capital, pelos prejuízos que ocasiona no organismo social – o não soerguimento do criminoso, a vingança legal do Estado por falência dos seus deveres para com o cidadão, a não diminuição da criminalidade; o erro judiciário; a não destruição do ser com a morte, entre outros –, é indispensável cercear-se a liberdade do delinquente, facultando-lhe, quando for o caso, tratamento psiquiátrico de acordo com os seus conteúdos emocionais e psíquicos.

No *Código Penal da Vida Futura*, Allan Kardec examina a questão do erro e estabelece três comportamentos essenciais, impostergáveis para a recuperação daquele que comete o crime de qualquer natureza.

Primeiro, o *arrependimento* do infrator, sincero e profundo, que procede do imo após a análise do delito perpetrado e a consequente mudança de atitude mental e moral. Logo depois, a *expiação*, que é o método de demonstrar o arrependimento, entregando-se com coragem ao processo pertinente, no qual a dor trabalha-lhe o caráter para alcançar a *reparação* mediante a qual se recupera, retribuindo pelo bem o mal antes praticado.

É certo que vidas fanadas não podem ser recuperadas, mas o delinquente tem o direito de reabilitar-se e oferecer à sociedade, senão a vida de volta – o que lhe é impossível –, um contributo que evita a perda de outras futuras vidas...

O Estado não poderá impor ao delituoso o arrependimento, mas lhe pode aplicar, mediante o cerceamento da liberdade, a expiação, e mais tarde a reparação, quando reeducado...

Para tal cometimento, faz-se necessária, concomitantemente, uma reestruturação dos instrumentos judiciários e penitenciários, de modo a humanizar as cadeias e seus carcereiros, os presídios e seus guardiães.

Somente, portanto, através do conhecimento espírita, com os crimes hediondos corretamente catalogados e seguramente feita a legislação penal para os odientos criminosos, serão alterados os comportamentos da violência e do primitivismo humano.

Pena de morte, porém, nunca!

Se valesse, se fosse eficiente, aquelas que foram aplicadas pelo Tribunal de Nuremberg, após a Segunda Guerra Mundial, aos mais hediondos criminosos da época teriam impedido a desorganização generalizada destes dias, mais particularmente em Ruanda, na Iugoslávia e noutros países onde o totalitarismo de déspotas ferozes e inumanos dizimam milhões de vidas...

23

PALAVRAS AOS COMPANHEIROS

Conhece-se o verdadeiro espírita pela sua transformação moral.

Allan Kardec

Meus amigos.
Jesus seja conosco.
Atingindo a maioridade doutrinária, o Espiritismo projeta abençoada luz pelos tempos afora.

Ainda ontem, detínhamo-nos em laboratórios da Ciência, atormentados pelo enigma da vida, mergulhando a mente nas pesquisas e conservando o coração distante da fé; demorávamo-nos em indagações inquietantes, sedentos de sabedoria e mantendo a alma vazia de sentimentos superiores; perdíamo-nos em meandros nublados das teologias, perturbando-nos em confusas interpretações, longe do verdadeiro sentido de religiosidade, pregando religião.

E hoje, embora as claridades da fé libertada das nuvens escuras da letra, ainda nos encontramos a preconizar fraternidade com as mãos sujas de sangue, à semelhança de Marat, que após intermináveis matanças costumava consultar o Evangelho.

Apesar das bênçãos da cultura e das arremetidas vitoriosas da Ciência, não vão longe os dias em que, em nome de privilégio de raça, inauguramos campos de concentração e acendemos fornos crematórios onde milhões pereceram.

Superconfortado pelos privilégios da técnica, o homem moderno se detém no prazer, demorando-se nos desvãos da própria inutilidade para despertar mais tarde, no Além-túmulo, como suicidas da oportunidade e malfeitor de si mesmo.

Em razão disso, o caminho da ascensão é difícil para aqueles que empreendem a nobre tarefa da renovação interior.

Em toda parte repontam acúleos saídos do pó dos caminhos a percorrer...

Em todo lugar abundam a vaza fétida e a lama...

Onde se esteja surgem obstáculos e dores...

No entanto, é necessário ascender, vencer obstáculos, transpor barreiras para atingir os objetivos da vida real.

É nesse sentido que a Doutrina Espírita se apresenta como guia seguro, em nome do Celeste Guia.

Entre os calhaus e os granizos da hora presente ressurge na abençoada mensagem de Allan Kardec, há mais de cem anos,[7] a Boa-nova de Jesus Cristo, fulgurante e bela, preparando a Era do Espírito.

Nem arrazoados verbalísticos.

Nem heranças de lamentações.

Nem queixas.

Nem arrolamentos de aflições.

Antes, trabalho e entusiasmo para vencer estepes e conduzir intimoratamente a Mensagem consoladora do Senhor.

---

7. Mensagem psicografada em 8 de fevereiro de 1961 (nota do médium).

A boca que aconselha, o verbo que ensina, a palavra que prega, as mãos que ajudam, o coração que ama são valiosos materiais para a concretização do programa de luz em favor da atualidade.

Nada há o que temer.

Se ressurgem, do passado próximo, os escuros escolhos que ontem nos cercearam a marcha, é necessário não nos demorarmos na valorização do insucesso, examinando a cortina de receio que se distende à frente.

Se a queda nos marca hoje, repetindo o aprendizado que ontem não pudemos aceitar, aproveitemos a dádiva da lição e prossigamos.

Ontem podíamos desculpar-nos, apoiando o nosso fracasso nas interpretações fantasistas e convenientes com que adaptávamos o Verbo Divino aos próprios interesses. Mas agora o Espiritismo nos surpreende com o cabedal da razão enriquecida de sabedoria a desdobrar os tesouros da verdade para a nossa glorificação imortalista.

Desculpemos, assim, o clamor das ofensas; apaguemos o incêndio da calúnia; afoguemos no olvido a ingratidão dos outros e cuidemos de ouvir a voz do dever puro e simples com que a vida nos honra os dias.

Amparemos o velhinho, auxiliemos a criança, ofereçamos o pão e o agasalho ao sofredor, mediquemos a enfermidade, esclareçamos a ignorância, em nome do nosso ideal espírita, mas sobretudo cuidemos da própria transformação moral, sem a qual de nada valerão os valiosos donativos da fé que nos liberta e conduz.

Seremos conhecidos, não pelas expressões sonoras, pelas atitudes cuidadas, pelos pregões da virtude pessoal, mas simplesmente pelas realizações legítimas que expressem a comunicabilidade existente entre nós e Aquele que é a Vida da nossa vida.

Jesus, meus amigos! Jesus!

Cristo ontem, hoje e amanhã. Jesus sempre!

Não há alternativa...

Enquadremo-nos no Evangelho renovador e prossigamos de alma erguida em nosso desiderato, consolidando as disposições de serviço e irrigando com a nossa doação de suor e lágrimas o solo em que fomos convidados a trabalhar.

Doutrina Espírita é seara de luz. Brilhemos!

Doutrina Espírita é celeiro de bênçãos. Fartemo-nos!

Doutrina Espírita é país de felicidade. Alegremo-nos!

E, distendendo a claridade santa e nobre da doutrina que nos arrancou da morte, espalhemos, neste momento de lutas, a clara mensagem de alento com que o Espiritismo nos vitaliza, apontando ao mundo inteiro os horizontes do porvir iluminados pela fulguração incomparável de Nosso Senhor Jesus Cristo, o Mestre e Guia de todos nós.

24

A CRIANÇA ANTE O FUTURO

Todos somos unânimes em afirmar que a criança de hoje é o futuro da Humanidade. Nada obstante, a jornada educacional da criança é, em especial, a grande saga de libertação da ignorância e construção da plenitude.

Na história da educação a criança tem sido o laboratório onde se operam os métodos psicopedagógicos mais valiosos, resultado natural da experiência e dos estudos sobre o ser em formação.

No passado algo remoto, a criança era considerada *um adulto em miniatura.*

Não merecendo cuidados especiais, com exceção na fase inicial da existência, era tratada com desprezo e má vontade.

Nas famílias possuidoras de recursos pecuniários, era entregue a famílias que se encarregavam de cuidar-lhe e devolvê-la após o período de formação, quando poderia auxiliar no trabalho.

Sua indumentária e seu comportamento eram semelhantes aos do adulto, não poucas vezes sendo assassinada pelos genitores que a faziam sucumbir como se fosse de maneira natural, escapando facilmente às leis muito benignas em relação ao infanticídio.

Muitas eram asfixiadas no leito de dormir, como se houvesse sido um fenômeno natural.

O Estado e a religião dominante contribuíam de forma significativa para a manutenção da hediondez.

Pouco antes do século X, percebeu-se que a fragilidade e a inocência da criança deveriam ser preservadas, poupando-a dos vícios e da degradação vigentes em toda parte.

Posteriormente, o eminente pedagogo checo Jan Comenius lutou estoicamente para demonstrar que a criança é um ser em formação, que necessita de amparo e de cuidados muito especiais para a formação da sua fase juvenil e adulta.

Dedicando-se a defender o infante das armadilhas da vida adulta, foi praticamente o primeiro defensor do amparo e zelo pelo ser em desenvolvimento, trabalhando-lhe o íntimo de modo a desenvolver os germes de sabedoria que lhe jaziam adormecidos, desse modo preparando-o para a vida no futuro...

Mais tarde, Johann Heinrich Pestalozzi dedicou a existência a orientar a criança de maneira especial, despertando-lhe os tesouros íntimos, que se enfloresceriam e dariam frutos de beleza e de harmonia.

Afinal, a criança, pelo fenômeno natural, transforma-se em adulto, conduzindo os valores que tenha acumulado nas fases anteriores do seu desenvolvimento intelecto-moral.

Dignificando-a com o seu exemplo de ternura e a sua abnegação natural, respeitava-lhe o estágio, estimulando os seus interesses na aprendizagem e enriquecimento pessoal para os enfrentamentos do porvir, enquanto abria espaços mentais para a plenitude da futura sociedade.

Logo após ou concomitantemente, Jean-Jacques Rousseau passou a considerar de vital importância o investimento na educação infantil através de significativa contribuição pedagógica e psicológica.

No século XIX, Froebel, o sensível mestre alemão, iniciou os excelentes labores dos jardins de infância e propiciou cuidados especiais na formação do caráter e da personalidade da criança, enquanto ofereceu educação e instrução conforme a sua capacidade de absorção psíquica e emocional.

Contribuições valiosas do ponto de vista fisiológico no século anterior, através de Pavlov, facultaram modificações profundas nos programas educacionais.

A Dr.ª Maria Montessori logo depois iniciou o seu precioso labor na *Casa dei Bambini* e novos horizontes abriram-se para trabalhos fecundos, quais os de Anísio Teixeira, Jean Piaget e iluminados mestres, que culminaram com Jacques Delors e a sua proposta sobre o conhecimento.

Vivem-se na atualidade recursos extraordinários de educadores, alguns inspirados, como Paulo Freire, enquanto a sociedade distraída das suas responsabilidades morais destrói os lares e atira a criança à lamentável orfandade de pais vivos, fornecedores de objetos tecnológicos, de modo a abandoná-la à própria sorte.

Nesse estado psicológico de abandono, o educando amadurece e experimenta múltiplas agressões no santuário do lar, enquanto participa dos conflitos dos pais nos relacionamentos apressados, sem estrutura afetiva, padece insegurança e medo que o empurram na direção dos vícios consumptores, entre os quais o sexo irresponsável e a drogadição infame.

A educação, sob qualquer aspecto considerada, é um ato de amor que começa na gestação e se prolonga indefinidamente.

Exige seriedade e investimento afetivo, embora os métodos e técnicas utilizados se baseiem no exemplo de conduta dos pais e educadores, que plasmarão no caráter em formação os pródromos do bem viver e do respeito à vida.

Durante a Segunda Guerra Mundial, o extraordinário educador polonês Janusz Korczak informava: – *Nós pagamos para formar o espírito da criança. O que acontece com o seu coração?* – e demonstrou com a própria existência, com os alunos dos quais cuidava, crianças que se encontravam em abandono pelas ruas de Varsóvia.

Quando, em agosto de 1942, as suas crianças foram condenadas aos fornos queimadores pelos nazistas, ele as guiou, a fim de que tivessem confiança, e adentrou-se com elas no campo de extermínio; embora a sua vida pudesse ser poupada, deu-a aos educandos para que tivessem dignidade, mesmo no momento da morte cruel.

O seu amor e a sua fé, ainda que não fossem totalmente de alguém que se envolvesse com dogmas e postulados religiosos, levaram-no a educar e exemplificar como o mais importante dever do cidadão.

O materialismo disfarçado que vige em quase toda parte faculta o campo do prazer em vez do dever do recato e da dignificação humana, abre o campo do prazer de todos os matizes, para que as criaturas humanas – aturdidas e irresponsáveis – atirem-se na caça do gozo sem restrição nem equilíbrio.

Nesse contexto, é inegável a necessidade de mudança ético-moral e de comportamento, conforme a doutrina de Jesus Cristo, atualizada e vivida pelos Seus discípulos verdadeiros, hoje renascidos na Doutrina Espírita, a fim de que se perceba que Ele prossegue como o Educador por excelência, que ampara a criança e a atrai ao Seu regaço com respeito e ternura.

Igualmente, Seu discípulo Allan Kardec vivera a educação e mediante o pensamento espírita oferece o legado que se constitui um profundo respeito pela vida infantil, utilizando-se das condições hábeis para construir a sociedade feliz de hoje e do futuro.

25
MISSÃO CUMPRIDA

A estreita *Passage Sainte-Anne*, no bairro da Ópera, estava dominada pelas vozes de vendedores e de interessados em compras, enquanto sopravam os últimos ventos frios do inverno que partia.

No pequeno e modesto apartamento, no primeiro andar sobre a Livraria Espírita, Allan Kardec arrumava papéis e documentos, desde que estava de mudança para a casa própria na *Ville Sègur*, no Bairro dos Inválidos.

Os tapetes estavam enrolados e alguns móveis se encontravam fora do lugar, nessa desarrumação própria das mudanças de residências.

A suave-doce Gaby encontrava-se realizando as compras matinais, e a empregada cuidava das suas atividades habituais.

Era um dia como outro qualquer, sem nenhuma exaltação emocional.

É verdade que o nobre codificador do Espiritismo desde há algum tempo apresentava ligeira indisposição cardiovascular de tal ordem que o seu benfeitor espiritual, o Dr. Demeure, advertira-o para que cuidasse de algum repouso ante o excesso de trabalho.

Inevitavelmente, o volume de correspondências que lhe chegavam de diversos países e de toda a França ultrapassava as possibilidades de atendimento, apesar da ajuda eficaz de Amélie no seu papel de esposa e de secretária improvisada.

O cansaço advindo das noites maldormidas e dos difíceis e pesados quão complexos compromissos para preservar a dignidade financeira abatiam a organização fisiológica do missionário.

Ele compreendera, porém, que a divina ajuda nunca lhe faltava, no entanto as lutas morais eram igualmente desafiadoras.

Calúnias e ironias perversas eram assacadas contra o Espiritismo e especialmente a mediunidade. Em consequência, ele não era poupado.

Sempre sereno e lúcido, ele atendia a todas as provocações dos inimigos gratuitos sem perder a benevolência. Entretanto, acumulavam-se as emoções e desgastavam-se as energias, sem que o apóstolo se permitisse repouso, mesmo quando vencido pelo abatimento.

Ele enfrentara perseguições soezes de fora, daqueles que o não conheciam, mas também de muitos que se lhe acercavam com interesses inomináveis e, quando não conseguiam ser atendidos nos seus caprichos subalternos, acusavam-no, negavam-lhe amizade e lealdade.

Alguns companheiros da *Société* nem sequer correspondiam com a quota que deviam para o aluguel da sala de reuniões em *Palais Royal.*

As viagens com as dificuldades compreensíveis na época exauriam-no, mas ele estava sempre disposto a atender os convites dos países francófonos e das cidades francesas que lhe eram propostos.

O Movimento Espírita expandia-se, embora na *Revista Espírita*, o grande mensário que atualizava as conquistas espirituais, muitas questões necessitavam de sua palavra e presença, especialmente as sessões práticas e a seriedade de que se devem revestir.

Nada obstante a extraordinária filosofia de *O Livro dos Espíritos*, ele sempre se fixava na ação moral recomendada pelos mentores, especialmente a caridade.

Seu verbo eloquente e seguro era uma tônica e um bálsamo sobre as feridas morais de todos os que o buscavam rogando orientação e socorro.

Mas a revolução cultural e a oportunidade para demonstrar a imortalidade do Espírito, assim como a reencarnação, fascinavam-no pelos notáveis recursos de lógica e ética universal derivadas do Amor de Deus.

Ele havia dado toda a existência quando percebeu o significado altruísta e superior das *mesas girantes*, entregando-se totalmente ao dever de iluminar a Humanidade para cujo mister fora chamado diretamente pelo Espírito de Verdade.

Milhares de vidas abandonaram o materialismo e a crueldade tocadas pela Revelação Espírita.

A esperança, que havia desaparecido dos sentimentos de incontáveis criaturas, retornava ao tomar-se conhecimento da continuidade da vida ao túmulo e das infinitas possibilidades de progredir e de ser feliz através das existências sucessivas.

O nada, que embalava muitas mentes encharcadas de cepticismo, diluía-se ante os fatos que demonstravam a existência de Deus e a indestrutibilidade da vida.

Mas todos esses tesouros não lhe bastavam.

Ao construir a futura residência na *Ville Sègur*, ele pensava em acolher pessoas idosas que suas famílias desprezavam pelo fato de eles serem espíritas, dedicando-se ao bem e à caridade.

Fazia pouco tempo publicara *A Gênese*, essa magistral obra que completa a codificação do Espiritismo, e temas de alta significação foram tratados com firmeza, enfrentando a ignorância e as superstições.

Ele se encontrava, naquele momento, na sala e, de repente, levou a mão ao peito, deu um grito e tombou fulminado no solo.

A empregada pôs-se a gritar, e o amigo de muitas horas, Alexandre Delanne, que se encontrava embaixo, na livraria, subiu a escada caracol e encontrou-o tombado.

Aplicou-lhe um passe... Era tarde. A ave de luz ascendera aos rumos da Imortalidade.

Allan Kardec estava desencarnado.

A Codificação Espírita estava realizada e ficaria para enfrentar o mundo de preconceitos e de presunção, com as orientações seguras para a felicidade total a que se pode aspirar.

Era o dia 31 de março de 1869, mais ou menos às 11 horas.

A missão fora cumprida.

Um ciclo havia sido brilhantemente encerrado, outro se iniciava...

O *Consolador* ficaria na Terra para sempre e a criatura humana jamais padeceria de orfandade.

Cumprindo a promessa de Jesus, antecipar-se-iam os tempos mediante as revelações dos Espíritos condutores do planeta, e o *mundo de regeneração* iniciava-se para o futuro feliz da Humanidade.

26

EM LOUVOR À LIBERDADE

O natural processo de evolução do Espírito culminará quando, dominando as latentes faculdades de que se encontre investido, logre liberar-se dos atavismos da larga jornada dos renascimentos carnais ao longo dos milênios.

Corpúsculo de luz que mergulhou na névoa material para esplender como uma estrela de primeira grandeza, possui as incomparáveis qualidades divinas que desenvolverá no curso dos renascimentos na atmosfera terrestre.

Essa liberdade de pensar e de agir tem sido a ânsia de conquista do ser humano através dos tempos.

Imaturo e sem a capacidade de saber usá-la, criou o pensamento filosófico para poder melhor expressar-se, não conseguindo o tentame em razão do primarismo que ainda lhe é peculiar.

A busca da liberdade tem sido o impulso vigoroso presente nas escolas de pensamento, sempre comprometidas com as necessidades e limites dos seus criadores.

Em seu nome indagou a célebre madame Roland, na Revolução Francesa, antes de ser guilhotinada: – *Liberdade! Liberdade! Quantos crimes se praticam em teu nome?*

O direito de vivenciar a liberdade deflui do reto cumprimento dos deveres que organizam o grupo social.

Enquanto predomina no indivíduo o jugo das energias materiais, o seu anseio de liberdade não passa de uma transferência de conflito pessoal por anelar favores a que não faz jus.

Essa conquista resultará da perfeita consciência de discernimento dos valores que organiza a sociedade, sob a inevitável ética de respeito e consideração aos direitos dos outros.

Durante a experiência da reencarnação, a liberdade encontra-se sujeita aos limites do organismo na sua multiface, assim como na constituição legal e moral vigente.

Ninguém que propugne pela liberdade poderá impô-la, pois que, ao fazê-lo, violenta o direito do outro, tanto de pensar como de agir consoante o seu estágio de desenvolvimento moral.

A liberdade, portanto, é um conceito muito pessoal, sujeita ao espaço cultural em que se transita.

Quando se impõe, estabelecendo comportamentos esdrúxulos, faz-se libertinagem com grandes riscos de consumpção dos valores éticos vigentes.

Certamente os propugnadores da liberdade dos cidadãos geram conflitos entre os conceitos anteriores e os porvindouros, que provocam receios, especialmente aqueles que se apresentam dominadores.

Quase sempre esses opositores do progresso da liberdade de qualquer opressão ou submissão são ainda poderosos pela força bruta que os domina e na qual se comprazem.

Na história da civilização, ergueram-se impérios fantásticos sobre as ruínas de povos que foram vencidos, por sua vez, esmagados por títeres ainda mais perversos, que igualmente sucumbiram ao horror de outras armas mais destrutivas.

Na Antiguidade, homens e mulheres violentos levantaram-se contra as circunstâncias brutais que viviam e fizeram-se conquistadores que se apoiaram na perversidade para, temidos e vingativos, atingirem as suas metas sanguinárias.

Amaram filósofos temerários e se glorificaram por algum tempo, sendo derrubados por outros não menos odientos.

Desde Ciro, o *Grande*, pai de Cambises II, que construiu o império mais glorioso da História, a Alexandre Magno, da Macedônia, a Júlio César, a Cipião, o Africano, a Aníbal, o Cartaginês, para citar apenas poucos, déspotas e guerreiros passaram como edificadores, porém, sobre cadáveres e amontoados de lixo. A quase invencível Cartago foi arruinada e não ficou pedra sobre pedra que não haja sido derrubada...

As poderosas culturas e cidades aparentemente invencíveis dormem hoje sob os areais escaldantes dos desertos ou sob as águas submarinas, ou colunas e pedras abandonadas que parecem fantasmas, corroídas pelos ventos calcinantes.

Veio, então, Jesus para pacificar o mundo com a sua mensagem de amor e padeceu a ignorância dominante, sendo os seus fiéis discípulos à Sua semelhança, dizimados de forma inumana, compatível com os déspotas de então...

Logo após, a partir de 410 com a destruição de Roma por Alarico, os *bárbaros* com Átila, o *terror de Deus*, o próprio Alarico, Gengis Khan, que construiu o terrível império, e outros não menos perversos também foram devorados pelo tempo inclemente.

Sucederam-se os períodos de trevas por quase mil anos, e o ser humano, sempre sonhando com a liberdade, vem-se alçando no rumo do infinito e sofrendo o guante dos poderosos de um dia.

As guerras inclementes não cessaram, tornando-se mais cruéis e destrutivas, mas, apesar de todas as terríveis dores, o ser humano permanece na sua luta pela conquista da liberdade.

Com a Revelação do Espiritismo, compreende que a legítima liberdade é a do amor que permanece e sobrevive a todas as funestas e incessantes batalhas do mal e da desgraça coletiva, culminando na imortalidade em triunfo após todas as injunções enganosas.

Todos somos livres para pensar e, às vezes, agir conforme os regimes políticos, mas sempre nossas ações impõem-nos a liberdade de cultivar o bem, de evocar o Mártir da Cruz, que aparentemente foi vencido, porém retornou em glória soberana, exultante na ressurreição em liberdade absoluta.

O Seu exemplo é a lição mais grandiosa da luta pela independência do amor para vencer as misérias resistentes, representativas dos períodos primários do mecanismo da evolução.

A liberdade reside, portanto, na consciência do amor sob todos os aspectos considerados, em conclamação permanente pelo trabalho de dignificação da vida em toda a sua plenitude.

27

O CONSOLADOR

Indivíduos mal-informados ou desconhecedores do Espiritismo asseveram que a função precípua da doutrina é confirmar apenas a sobrevivência do Espírito à desencarnação.

Asseveram que os estudiosos do Evangelho o transformaram em uma seita remanescente das religiões ortodoxas que situavam suas crenças na dualidade do céu de prazeres ao alcance dos parasitas espirituais e do inferno de aflições intérminas, acrescentando alguns o Purgatório, hoje retirado do dogma eclesiástico pelo Papa João Paulo II, como um sítio de refazimento para depois um ou outro eterno porto de permanência definitiva.

Afirmam, ainda mais, que se está transformando a ciência da imortalidade em um culto psicológico de amparo e auxílio no labirinto de vítimas de si mesmos no carreiro das existências.

E ironizam com altivez a crença pura e racional da espiritualidade formando uma sociedade de piegas.

Não têm razão esses que assim procedem, porquanto toda a filosofia do pensamento espírita objetiva conduzir o ser humano ao equilíbrio do bem proceder, no qual se originam as bênçãos e os suplícios para cada qual.

Demonstrada mediante os instrumentos da ciência a imortalidade da alma, logo se sucedem os interrogatórios em torno da sua vivência, onde está o *mundo* da sua morada, como se encontra cada residente e como é a sua conduta em relação àqueles que permanecem no mundo físico.

Foi exatamente o que aconteceu ao egrégio codificador.

Constatado o prolongamento da vida, ele apercebeu-se de que havia um antes e um depois da existência corporal.

Ato contínuo, interessou-se por saber como era essa Erraticidade, como se vivia fora do invólucro material e o que resultava do bem e do mal proceder.

Constatou que as lições de Jesus estavam sintetizadas na Lei de Amor, por ser proveniente da Criação e comandava as outras que eram humanas para elucidar o sofrimento ou a plenitude.

Nascera, então, a doutrina, sua ética e diretrizes de comportamento, vindo a confirmar a promessa de Jesus a respeito do Consolador que viria ressuscitar a Sua Mensagem e elucidar os enigmas do sofrimento em todos os seus aspectos, ao mesmo tempo auxiliar a Humanidade na conquista da harmonia.

Não se trata de uma fuga psicológica para esconder o *ego* e criar-lhe um desvio para suportar as vicissitudes.

O sofrimento que faz parte do processo antropológico do ser é, sem dúvida, responsável pela felicidade ou desdita, equacionando os enigmas do pensamento ético e facultando ações de bem-estar como resultado da luta hercúlea contra as más inclinações.

Fortalecido pela luz do conhecimento, o ser humano recorre às forças inatas ainda adormecidas que lhe facultam os recursos para superar as dificuldades e os desafios, dando-lhe coragem para o autoenfrentamento e a vitória sobre essas heranças que ressumam das faixas animais anteriores pelas quais transitou.

Examinando a história daqueles homens e mulheres que escreveram a História da Humanidade, sobressalta a figura incomparável de Jesus, convidando-os à transformação da furna e da tapera nas edificações grandiosas que lhe proporcionam melhor convivência com as demais criaturas.

Nesse momento de reflexão pode avaliar as facilidades que se lhe encontram à disposição, bem como os recursos para integrar-se de maneira consciente no programa de ascensão moral.

O interessado no progresso logo descobre que a única forma de o alcançar é mediante o amor em forma de fraternidade e de companheirismo à luz da caridade.

Viver é fenômeno biológico obrigatório pelas Leis Universais. Entretanto, para bem viver se torna indispensável o conhecimento das causas e ações a respeito do quotidiano.

O espírita consciente, isto é, aquele que estuda a doutrina e age conforme as recomendações propostas pela sua ética filosófica, tendo em vista a sua imortalidade, labora sem cessar no aprimoramento íntimo e no seu ajustamento à sociedade nos padrões de Jesus, dando-se conta de ser o mais notável método para encontrar sentido existencial e ser feliz.

Nenhuma filosofia é mais promissora e completa do que a sua estrutura na imortalidade da alma, na sua comunicabilidade com os que permanecem na Terra, na reencarnação, que enseja o progresso contínuo e incessante do Espírito.

O materialismo inicia-se com uma premissa nadaísta, sustenta-se nas ocasiões irregulares do acaso e termina em uma triste anulação de tudo e retorno à coisa nenhuma.

Como é possível aceitar-se uma crença que nega a própria existência derivada de uma Consciência Cósmica, que pensou tudo quanto existe, mediante um mapa de perfeita programação em torno especialmente das condições essenciais à manifestação e permanência da vida conforme se dá?

Inevitável a análise de como operou esse fenômeno casual para cessar de prosseguir em determinado momento da evolução.

O Espiritismo, demonstrando através dos fatos a Causa Cáusica do Universo e tudo que nele existe, oferece a alegria de viver-se em padrão de júbilo e permanente aprendizagem que conduz à plenitude.

Com esse conhecimento fortalecem-se as convicções dos adeptos desta doutrina, assumindo um comportamento de religiosidade ante a Natureza e todas as questões que nos enriquecem o pensamento e dão sentido lógico à existência física.

Essa religiosidade confere respeito e dignidade ante todos os quesitos que constituem a Vida, oferecendo recursos para que sejam experienciados os ditames do amor ao próximo assim como de tudo que existe.

Ante as aberrações do materialismo com os seus fetiches sedutores, a vivência da compaixão e da misericórdia apresenta a continuação da presença de Jesus no mundo, quando afirmou que "não nos deixaria a sós".

Chegado o Consolador à Terra, a presença de Jesus é palpável e sentida por todos aqueles que buscarem os objetivos essenciais do existir.

28

COM ALLAN KARDEC

Permanece teimosamente no inconsciente de muitos estudiosos do Espiritismo a aversão ao conteúdo evangélico, asseverando-se que ele não é religião.

Isso, porque a ojeriza anterior às doutrinas dogmáticas continua no comportamento intelectual do antes materialista, bem como a antipatia à memória das religiosas que, no passado, atormentaram e contribuíram largamente pelo atraso da cultura e perseverança na ignorância, na fixação de seitas com as suas extravagantes cerimônias e quejandos.

Normalmente, esses investigadores buscam confirmação do seu comportamento na frase enunciada pelo codificador, quando afirmou *que o Espiritismo não é religião*.

O conceito vigente no passado a respeito da palavra religião abrangia os dogmas, as leis teológicas, os cerimoniais, a ritualística e todo um conjunto de formas e de fórmulas que tipificavam as organizações que se impunham às massas, de modo a dominá-las com as suas regras absurdas e castradoras.

Utilizavam-se das suas proposituras para submeter o pensamento às suas diretrizes vigorosas e geradoras de poder sobre os indivíduos.

Quase todas se impuseram mediante a força política de reis e governantes arbitrários que as utilizavam para fanatizar e através da violência submeter aqueles que não dispunham de alternativa.

A *fé cega* dominava a cultura e tudo deveria submeter-se à imaginação e soberba dos seus ministros untuosos de orgulho e ignorantes da realidade do Universo.

É compreensível que, periodicamente, nelas se reencarnassem Espíritos de escol para suavizar as suas regras escravagistas e posturas absurdas. No entanto, a submissão a que se entregavam as pessoas tornava-as manipuladoras, ora para o bem, ora para o mal, conforme a conveniência dominante ou os fins a que se destinavam.

Pregando a paz e o amor, essas religiões promoveram mais ódios e guerras do que benefícios, dividindo os grupos sociais e as nações, que frequentemente se lançavam em rudes batalhas para a aquisição de moedas e poderes territoriais sob a sua tutela.

Toda religião, exceção feita à do materialismo organizada no século passado, assenta as suas bases na crença de um Deus ou de diversos que se impõem sobre multidões ameaçadoras.

A imortalidade da alma é outro postulado em todas presente, variando em alguns preceitos que estimulam as lutas para o convencimento e dominação do maior número de adeptos.

A vida futura também está presente como um dos seus paradigmas, porém, variando de configuração conforme os seus autores inspirados ou não.

O Espiritismo tem todas as características das religiões graves, especialmente do Cristianismo, no qual finca as suas raízes morais, em razão de Jesus haver prometido enviar o Consolador para atenuar as dores e clamores da Sua ausência.

Todos os Seus ensinamentos ficariam sujeitos ao futuro e seriam, por certo, como o foram, adulterados e adaptados aos interesses dos poderosos terrestres, que os adaptariam às suas paixões e conveniência. Modificando-se-lhes as estruturas básicas, esses ensinamentos fundamentais dariam lugar aos crimes hediondos que aconteceram na História da Humanidade.

Em vez do amor que une, dulcifica e oferece paz, o ressentimento decorrente da diferença de raças, de comportamentos, de posições enganosas na sociedade, nos litígios intérminos das posturas honoráveis e transitórias, bem como outras insignificâncias em que se apoiam as suas infantilidades...

...E vimos crescer os ódios que ainda dividem o Oriente do Ocidente e permanecem nas culturas que herdáramos os efeitos de tais crimes, hoje assinalados pelas suas sequelas.

Ademais, pelas suas consequências éticas, sempre dizem respeito à moralização dos seus adeptos, que devem pautar a conduta nos conteúdos doutrinários.

No que tange à sua constituição científica, *estuda a origem, a natureza, o destino dos Espíritos* e a sua vinculação *com o Mundo espiritual.*

A sua prática é totalmente realizada mediante recursos da razão e as suas realizações são sempre de caráter prático e profundo.

Podem ser demonstrados os seus paradigmas no laboratório da mediunidade, o campo experimental de comprovação dos seus ensinamentos.

A trilogia que o constitui é equilibrada, como ciência que investiga, filosofia que esclarece e explica, e religião que consola e edifica.

Não existe qualquer outra doutrina que possua as mesmas características e produza os impactos renovadores e de transformação moral que a tipificam.

As suas informações provindas do Além-túmulo dão sentido à existência humana, elucidando os enigmas defrontados pela Filosofia através dos tempos.

Sempre interessou ao ser terrestre saber quem é, de onde veio e para onde ruma.

As doutrinas unicistas, isto é, aquelas que divulgam apenas uma existência física para justificar as ocorrências e desafios existenciais, não têm explicação lógica e real para as inquietações, tornando a evolução um processo misterioso e enigmático.

Mediante a Lei das Reencarnações dispomos de uma lógica para explicar o mecanismo evolutivo desde o *átomo primitivo ao arcanjo.*

A aceitação dos ensinamentos espíritas, no entanto, não basta por si mesma para tornar felizes as criaturas.

A sua prática no dia a dia, a aplicação dos seus ensinamentos produzem a conquista da sabedoria mediante a vivência das Leis de Amor no capítulo da caridade.

Tornar a existência um evangelho de luz e misericórdia, abraçando a Humanidade como sua irmã, eis o impositivo maior do Espiritismo em quaisquer das suas feições ou no seu conjunto tríplice harmônico.

Seja a religião do espírita o amor a Deus, ao próximo e a tudo, incluindo-se e laborando *para ser hoje melhor do que ontem, lutando sempre para vencer as más inclinações*, como estatuiu Allan Kardec.

29
MAMON E JESUS

Anelando pela felicidade dos fiéis católicos em Praga, capital da República Checa, então pertencente à Germânia, Jan Hus adotou a pregação do Evangelho de Jesus na simplicidade do idioma do povo necessitado e pobre do país, de modo a exaltar a vida e propiciar paz a todos.

A intolerância religiosa então vigente perseguiu-o com impiedade, por todos os meios possíveis, culminando em levá-lo ao Concílio de Constança, na Alemanha, engendrado pelos seus inimigos sob o comando do Cardeal Antony, que o detestava, havendo sido queimado no dia 16 de julho de 1415.

Estando enfermo com pneumonia, resultado dos maus-tratos sofridos na prisão, padeceu humilhações incomuns, praticamente sem o direito a qualquer defesa.

Pela fúria dos adversários da Verdade e usurpadores da fé cristã, um ano depois, no mesmo lugar, após sofrer as garras fortes do Concílio, outro sacerdote que amava os seus coetâneos, Jerônimo de Praga, o principal discípulo do mártir Jan Hus, foi também julgado e queimado vivo em 30 de maio de 1416.

A inclemente perseguição era dirigida ao sacerdote inglês John Wycliffe, professor da Universidade de Oxford, grande teólogo e reformador religioso que abalou a Europa nos séculos XV e XVI, havendo tido a coragem de traduzir a Bíblia ao inglês, que lhe guarda o nome como seu título.

Era muito difícil, então, seguirem os filhos de Deus os ensinamentos de Jesus.

A perseguição da ignorância estava em toda parte, resultante dos interesses escusos em que Mamom desempenhava o papel fundamental no poder e na glória terrenos.

Antes deles, incontáveis aprendizes do Evangelho foram imolados por optarem pelo caminho da simplicidade, da renúncia aos bens terrenos e pelo amor com abnegação.

Depois deles, igualmente, muitos e afetuosos cristãos foram dilacerados e martirizados em razão da sua fidelidade ao Homem da Cruz, em desobediência do Senhor da mitra ou dos seus áulicos em diversas partes do mundo.

As extravagâncias do poder temporal de Roma com os seus sucessivos escândalos e ambições exageradas tornaram a Mensagem de Jesus difícil de ser compreendia e amada, embora os mártires que prosseguiram exercendo o ministério do amor e doando suas preciosas existências aos crucificadores e exterminadores.

A Lei de Progresso, que é inevitável e impossível de deter, alterou o processo da evolução sociocultural na Terra e lentamente veio igualando todos os seres humanos que foram separados, na adoção da mentira e poderes terrenais, das verdades eternas, chegando-se ao período do total afastamento entre a Ciência e a religião.

A dominante *fé cega* foi constrangida a ceder passo aos fatos que se tornaram constatados pelos investigadores da Ciência, ampliando os horizontes do Universo e da vida em si mesma com extraordinários benefícios para o planeta e as criaturas que o habitam.

As teorias absurdas, descendentes da ignorância e do obscurantismo, foram sendo abandonadas pelas pesquisas intérminas no organismo da sociedade e nos laboratórios especializados.

Espíritos nobres reencarnaram-se, a fim de contribuírem em favor da elevação dos costumes, mediante a cultura nas mais variadas expressões do sentimento.

Vive-se a atualidade, apesar das indiscutíveis conquistas do pensamento e das Ciências, mantendo-se a aparente obediência às Leis de Deus e às ocultas, desprezando-as quando antes não se desvelavam.

Os conflitos permanecem na sociedade, cujos porões escondem as perseguições contínuas e inomináveis, mantendo a crueza dos sentimentos, qual ocorrera no passado.

A pena de morte foi suspensa em muitas nações, que prosseguiram matando nas suas armadilhas bem-disfarçadas.

Em consequência, os crimes hediondos continuam em estatísticas assustadoras, indefinidos, sem solução...

Nesse ínterim, Jesus retornou, conforme prometera aos Seus discípulos, como o *Consolador*, e o aparente silêncio das tumbas foi substituído pelas vozes proclamadoras da imortalidade.

Médiuns e estudiosos sinceros do Espiritismo renasceram e saíram a demonstrar a grandeza de Deus ante as ofertas de Mamom, convidando vidas estioladas e laureadas à defesa da Vida.

Uma sinfonia incomum tomou conta da atmosfera e, em toda parte, essas vozes em triunfo prosseguem conclamando o novo tempo de Jesus para a Humanidade ansiosa por beleza, saúde e paz.

Periodicamente, as distrações do caminho, as artimanhas de Mamom convidam à falência e tombam alguns vanguardeiros. É natural que, numa luta renhida de qualquer tipo, mesmo se alcançando a vitória, o campo fique juncado de cadáveres...

Nesta longa batalha, cada lutador tombado é substituído por outros que prosseguem valorosos, sem temer, incansáveis no seu devotamento ao bem.

Eis por que estes são dias de difíceis comportamentos saudáveis.

A mentira assume autoridade pelo fascínio que exerce. Mas a verdade lentamente se impõe e cria o reino de justiça e de alegria real, num prenúncio do futuro de bênçãos.

Enquanto isso não ocorre, aumenta a loucura pessoal e coletiva.

Os ideais de solidariedade são substituídos pelo individualismo ególatra, e cada qual se propõe a usufruir do prazer imediato como se a finalidade da existência fosse a exaustão, o sono para novo mergulho na fuga da realidade.

A verdade é imbatível e nada consegue vencê-la, embora a obnubilem em algumas ocasiões, mediante os artifícios e ilusões propiciados pela própria transitoriedade orgânica.

Qual Sol após noite, sempre se apresenta dominadora, vencendo o ciclo.

Cuidado com as canções embriagadoras de Mamom e as suas empresas auxiliares, que marcham ao lado dos astutos ludibriadores do pensamento na sua constante busca do gozo físico.

Tudo passa, menos o Amor de Deus.

Não duvides do êxito que te está reservado pela Sabedoria Divina.

É irrefreável a sucessão das horas e invencível a lucidez da consciência, *onde estão escritas as Leis de Deus...*

Alegra-te ante os desafios do existir e utiliza-te deles para cresceres em moral e sabedoria.

...E se algum dia sentires o teste da solidão, do sofrimento que te pareça superior às tuas forças, refugia-te em Jesus, que nunca nos deixa a sós.

30

NÃO HÁ ALTERNATIVA

A Universidade de la Salpêtrière, em Paris, nas décadas 1880/90 atraiu inúmeros sábios da época às célebres reuniões de terças-feiras sob a direção do fisiologista Jean-Martin Charcot.

As experiências e debates ali realizados eram de alto gabarito, em razão dos temas desafiadores abordados, que se encontravam ainda entre sombras em toda parte.

Era aquele um período de estudos, no qual os fatos deveriam ser observados e repetidos tantas vezes quanto quizesse a vontade do seu investigador.

Entre os mais habituais destacados relacionamos Sigmund Freud, de Viena, que veio residir na capital da França em 1885, a fim de conferir e ampliar as suas pesquisas em torno da histeria, da hipnose...

Naquela ocasião, Pierre Janet, o admirável psicólogo, chegara à conclusão de que os fenômenos observados através da sensitiva Alcíone eram resultado de transtornos mentais, que denominou como *personalidades múltiplas* ou anômalas, que permaneciam no seu subconsciente e eram apresentados nos denominados momentos de transe.

Assim, pareciam resolvidas algumas questões de natureza intelectiva, mas que não alcançavam aquelas de natureza física, como transporte de objetos sem contato físico, materializações e desmaterializações, *poltergeist etc.*

O notável Charles Richet, Prêmio Nobel de Fisiologia, apresentou a sua obra genial *Tratado de Metapsíquica*, havendo oferecido um exemplar a Freud, que confessaria mais tarde um grande arrependimento por não a haver lido na ocasião. A Metapsíquica havia sido estudada por William Crooks, Lombroso e o referido fisiologista, que examinara inúmeros médiuns, inclusive a Sra. Marthe Bèrau, em experiências formidandas em Argel, capital da Argélia.

Também merecem destaque as médiuns italianas Linda Gazzela, Eusápia Palladino e os magníficos trabalhos de materializações, levitações de objetos.

Os estudos dos fenômenos através da Metapsíquica eram explicáveis, incluindo as fraudes conscientes ou não.

Simultaneamente, competindo com a nobre universidade parisiense, destacava-se em Nancy, a da sua cidade, sob o comando de Liébeault.

Muitas vezes as discussões eram acaloradas, como no caso da hipnose que, em Paris, afirmava-se que os homens não são hipnotizáveis por não serem histéricos, enquanto a de Nancy dizia exatamente o contrário.

Ali, Freud aprimorou a sua teoria do inconsciente como responsável pelo maior número de transtornos emocionais e orgânicos deles decorrentes. Ele mesmo teria afirmado que o inconsciente pode ser comparado *ao oceano pacífico e a consciência como sendo uma noz sobre suas águas...*

Em Zurique, na Suíça, o jovem neurologista Carl Gustav Jung destacava-se como freudiano e apresentava os pródromos da sua doutrina dos arquétipos, após experiências mediúnicas com sua prima, durante quase dois anos, nos quais a surpreendeu em fraude perniciosa.

Em toda a Europa o materialismo grassava destruidor e combatia a mediunidade, declarando-a como patologia grave, que perturbava aqueles que se lhe dedicavam.

Os fenômenos, porém, multiplicavam-se em toda parte, e a negação violenta pelos cientistas ameaçava os médiuns, enquanto negavam qualquer possibilidade a respeito da sobrevivência do ser à sua morte.

Nada obstante, os fenômenos iam além daqueles de caráter inteligente e apresentavam-se as materializações e desmaterializações, os transportes de objetos sem qualquer contato, os *poltergeists*, ultrapassando a possibilidade de serem personalidades subalternas ou quaisquer distúrbios emocionais.

Charcot estudava a histérica Alcina, internada no hospital da universidade, onde se encontravam outros pacientes. Quando ocorria, na hipnose, de evocar-se um ilustre desencarnado, que se fazia identificar, inclusive falando o grego antigo, e se perguntava ao mestre como explicar o fenômeno, ele afirmava: – *Sou um investigador, e não um filósofo.*

Foram inumeráveis ocorrências dessa natureza que ficaram sem explicação.

Freud se negava veementemente a estudar ou sequer observar tais fenômenos, taxando-os genericamente de Ocultismo, que detestava.

Richet, por sua vez, exauria-se na investigação séria dos fenômenos e não vacilava em examinar quantos médiuns se lhe permitissem pesquisar.

Entre os muitos analisados sistematicamente, deteve-se por longo tempo na investigação com a sensitiva Eusápia Palladino e a jovem Eva Carriére, que lhe serviu de médium em Paris assim como em Argel, em extraordinárias materializações.

Jung, ao escrever o seu livro denominado *Resposta a Jó*, narra que se sentiu agarrado pelo cogote como se fora um Espírito e foi levado a trabalhar sem pausa durante três dias, legando-nos esse maravilhoso livro.

...No passado, as extraordinárias manifestações mediúnicas eram também assinaladas pelas difamações e perseguidas, muitas vezes como de natureza demoníaca, vinculadas a tradições e superstições ultrapassadas.

Enquanto isso, havia um olvido proposital sobre a vida de Jesus, toda ela assinalada por obsessões de todo porte que Seu Amor libertou, deixando-nos o legado da compaixão pelos Espíritos infelizes e a técnica de libertar-nos das suas aflições.

A Humanidade sempre temeu ou negou a sobrevivência, num mecanismo atípico de enfrentar a realidade dos seus atos, transformando o Universo num fruto estranho e absurdo da *Lei do Acaso*.

Todas as Leis Cósmicas são imutáveis, desde as primeiras identificações até o infinito porvir.

À medida que mais se desvelam, esses incomparáveis mecanismos demonstram ser o efeito de uma Causalidade Absoluta.

Alguns astrofísicos ingleses afirmaram que *antes, nós, os cientistas, pensávamos que o Universo fosse uma máquina. Agora constatamos que é um grande pensamento.*

Não foi por outra razão que inúmeros cientistas, após as pesquisas na área da Física Quântica, no que se refere ao estudo da matéria/energia, assim como das *mortes aparentes (fenômenos de quase morte)*, têm declarado que *o*

Céu existe ou *que há vida depois da vida,* encorajando-se a afirmar a sobrevivência da consciência ao fenômeno da desencarnação.

Como consequência, chega-se, na atualidade, a confirmar que o amor é a mais poderosa lei do Universo e que o objetivo da vida na Terra é a busca da autoiluminação.

Desse modo, em uma análise sintética em torno da questão da imortalidade, a única tese para explicar os fenômenos paranormais é a de que somente existe vida, e morrer é transferir-se para outra realidade.

31
HAJA PAZ!

Interrogam alguns companheiros de jornada:

E agora, qual a missão histórica da pátria brasileira? Onde a pátria do Evangelho, coração do mundo?

Ocorre que a divina visão difere fundamentalmente das observações e cuidados do ser humano.

Na atmosfera terrestre, muitas batalhas travadas impõem um retroceder para melhorar o campo e facilitar o próximo avanço para ser caracterizado pela vitória.

Nas Divinas Leis não há retrocesso, ocorrem momentos estanques nos quais a glória cede lugar à preocupação, e o prazer, à melancolia.

Enquanto isso sucede, Planos superiores projetam outras diretrizes, objetivando o futuro.

O bem sempre triunfa em qualquer circunstância, porquanto o que parece prejuízo transforma-se em conquista de experiência e somente perdemos aquilo que temos, mas que não possuímos e está transitoriamente em nossas mãos...

Seja a nossa uma atitude estoica, desapaixonada, de confiança irrestrita em Deus e no Sublime Guia da nau terrestre.

Não são pequenos os embates entre as correntes humanas que dificultarão a marcha do progresso.

Perguntamos se de fato a população brasileira está em condições de desempenhar a tarefa que lhe está reservada e constataremos lamentavelmente que não.

As paixões estão em todos os lados, os ódios encrespam as ondas nas disputas e os desejos de vingança ainda malcontida escapam a cada momento nos comentários ácidos e revoltados contra tal ou qual conduta.

Necessário confiar no Comandante que, afinal, é o Autor do planeta que nos está oferecido para evoluir.

Virão dias difíceis porque os temos buscado.

Onde a solidariedade geral? Onde, também, o sentimento de compaixão por aquele que está do outro lado e é nosso irmão?

Discrepar talvez, não dissentir, não ficar contraface; essa atitude difícil é a santa fraternidade.

Ficar sempre a favor do bem, onde o bem se manifeste ou ainda não se haja instalado.

Cumprir com o dever que nos cabe e não excogitar nem querer justificativa para as ocorrências que a insensatez elabore num período, a fim de colher os frutos amargos, azinhavrados, no futuro.

Irmãos espíritas! Tende cuidado!

O mal insidioso que tem vivido em cada um espera estímulo para desvelar-se e, num momento de descuido, pode derrubar construções venerandas de muitos séculos.

A Inquisição, que se dizia protetora do fenômeno da fé, atrasou moralmente a evolução da Terra por mais de quinhentos anos. Por culpa de quem, senão daqueles que procuraram a ilusão do poder em detrimento do sacrifício do dever?

Agora, no planeta envolto nos desafios do seu processo natural, observamos algo parecido, e se não cuidarmos das nossas atitudes, das dos denominados bons, que se revoltam, demonstrando que não são tão bons assim, porque não suportaram o calor da batalha ou o frio do sofrimento necessário para a evolução, teremos consequências perversas.

Tenhamos em mente que somente nos acontece o de que necessitamos para sermos felizes e melhores.

Tudo aquilo que sai da órbita do que nos parece o melhor certamente não é tão bom assim como pensamos.

Tenhamos paciência, conforme o inefável Amor de Jesus Cristo, e cantemos hosanas porque nos encontramos em pleno fragor da batalha útil em vez da inércia perigosa e doentia.

Deixemos que viva Jesus em nós e que as Suas lições não sejam apenas páginas fulgurantes que nos fascinam e nos arrastam para a luz.

Muito bom ânimo, irmãos de jornada.

32
MATERIALISMO E ESPIRITISMO

A sociedade hodierna experiencia momentos muito graves e ameaçadores de desastres cruéis, no seu processo evolutivo que alcança neste momento o ápice das conquistas científico-tecnológicas, apesar de encontrar-se em situação muito lamentável no que diz respeito aos admiráveis valores ético-morais, que constituem alicerce de sustentação de tudo quanto tem sido logrado.

O tremendo preço dos sacrifícios morais e espirituais resulta do esforço para interpretar as Soberanas Leis da Natureza e entendê-las na justa significação da sua existência.

A inteligência penetrou no quase insondável painel estrutural do átomo primitivo e conseguiu descobrir os elementos que o constituem, cada dia com mais acuidade, a ponto de chegar à energia original, sendo uma saga dantes jamais sonhada.

A partir desse triunfo, interpretou as grandiosas Leis Causais e mantenedoras do Universo, tais a gravidade, o eletromagnetismo, a lei quântica fraca e a lei quântica forte, tendo ainda um imenso campo a investigar, o que constitui uma vitória extraordinária diante dos *mistérios da Vida*.

O entendimento mesmo dos insondáveis fenômenos físicos, orgânicos e psíquicos, a respeito do ser humano em sua trajetória incansável, representa algo de inimaginável no mapa dos desafios existenciais.

Em comparação com o processo emocional derivado dos comportamentos morais, um abismo mantém-se separando o equilíbrio do pensamento com a harmonia no mundo em que transita sob tremendas cargas de emoções e sentimentos ainda desordenados nos recessos do ser.

As conquistas meramente do pensamento na horizontalidade das realizações materiais equiparam-se a instrumentos capazes de tornarem melhor a existência no abençoado planeta que habita.

Incomparáveis aquisições tornaram a atualidade quase paradisíaca em relação ao prazer, ao conforto, à saúde, ao bem-estar. Certamente não foram equacionados todos os enigmas que têm constituído a História da Humanidade, sempre ansiosa para atender a razão da vida e a maneira como torná-la ditosa.

Através da Filosofia tem-se buscado entender o que somos, de onde viemos e para onde vamos, bem como a terrível interrogação: por que sofremos?

As dificuldades desafiadoras receberam de mulheres e homens notáveis a contribuição valiosa para atenuar os sofrimentos que sempre acompanham o ser humano no seu processo de descobrimento existencial.

Inumeráveis inquietações têm sido acalmadas através do empirismo e mais tarde pelas ciências quando surgiram com as suas respostas hábeis para os terrificantes desafios.

Inspirações diversas ofereceram missionários de alto quilate espiritual aos deambulantes terrestres, sempre agressivos e belicosos durante os passados períodos históricos.

Com imenso contributo de sacrifícios ensinaram esses apóstolos a melhor conduta através da qual seria possível o equilíbrio na sociedade e a paz.

Nessa incomensurável caudal de benfeitores, o pensamento proporcionou conteúdos portadores de harmonia e de esclarecimento necessários às experiências felizes.

No entanto e concomitantemente, a questão da imortalidade da alma tornou-se fundamental em todas as épocas, em infatigáveis investigações que terminaram, no Ocidente, na construção do Idealismo ou sobrevivência, elaborado por Sócrates e Platão, assim como no Atomismo de Demócrito e Materialismo de Leucipo.

Desde então as correntes apresentaram argumentos e facetas complexos e perturbadores.

Nesse ínterim, Jesus veio à Terra, e a Sua doutrina de amor equaciona todos os tormentos existenciais, por facilitar o entendimento dos desafios e provas que fazem parte do processo de iluminação do ser humano.

Seus exemplos e Sua Mensagem ética alteram profundamente o rumo da sociedade, embelezando-a com os formidandos valores da paz íntima e da afetividade em todo o seu significado.

Ao invés de palavras sonoras, ações significativas e transformadoras.

Mártires e heróis multiplicam-se em demonstrações iludíveis, confirmando o significado da sua decisão, e enriquecem a sociedade.

A inferioridade moral, no entanto, dos homens e mulheres animalizados deu lugar a inúmeras congregações religiosas, e em breve a mensagem de libertação ficou enjaulada no cimento e nos ferros da intolerância, fazendo que desaparecessem das leiras do Cristianismo o próprio Jesus, substituído pelos césares perversos e inescrupulosos.

Os Céus providenciaram o renascimento de Espíritos sublimes que mergulharam nas sombras do mundo, a fim de restaurarem a pulcritude do Evangelho.

São as vítimas dos holocaustos organizados pelos detentores do poder temporal, travestidos em donos do pensamento do Mestre agora dirigido para a matança e a vulgaridade das paixões em seus níveis mais vis.

Muitos foram combatidos rigorosamente pelas organizações políticas disfarçadas de religiosas da Igreja que deveria preservar o espírito da fé pura e descomprometida com os valores terrestres, enquanto outros que sobreviveram tiveram os seus ensinamentos deturpados e confundidos.

...Quando a Ciência rompeu com a intolerância e a dominação religiosa, o materialismo avolumou-se nas consciências sofridas e nas mentes insatisfeitas, vítimas de um Deus indiferente às suas necessidades, e logo depois Nietzsche *matou* Deus e fez o funeral do sagrado, seguido por outros filósofos que volveram ao proscênio terrestre e novamente o *mataram* na Revolução Francesa de 1789...

É nesse período que a promessa de Jesus a respeito do *Consolador* que Ele enviaria após a grande orfandade surgiu no Espiritismo e proclamou a glória da vida em majestoso espetáculo de ciência, filosofia e moral, ensejando a religião universal do amor.

De imediato, os imortais libertaram o Nazareno do presídio em que O haviam atirado, e as vozes espirituais proclamaram a era de luz e de imortalidade na escuridão dos terríveis padecimentos humanos, explicando-os e ajudando a serem superados.

◈ NOVOS RUMOS

O tóxico do cepticismo que vige nos seres repudiados pelas religiões dominantes logo começou a envenenar as criaturas, e de repente o materialismo, de maneira perversa, que ressurgiu neles através de Engels, Marx e outros filósofos e estudiosos das diversas áreas do pensamento científico, novamente proclama a *morte* de Deus e da fé religiosa, especialmente a cristã, arrastando as massas para o abismo do prazer exacerbado e deixando tudo mais sob a proteção mentirosa do Estado propiciando igualmente recursos socioeconômicos para todos.

Quantas falsas promessas que foram constatadas e o são ainda hoje em todos os povos que adotaram esse comportamento político nas suas fileiras, demonstrando maior soma de miséria de todo porte e simultâneo maior enriquecimento da sua elite, os chefes e condutores das massas desestruturadas.

Infelizmente, sempre haverá uma classe dominante, a dos governantes desalmados e dos seus apaniguados, e as diferenças morais, espirituais, emocionais trabalhando em favor da anarquia e do imediatismo ilusório da matéria.

Ao mesmo tempo, há a *loucura* das vidas vazias de ideal e de esperança, mergulhando nos transtornos de conduta e da emoção desvairada, resultando em suicídios terríveis e violências contínuas.

A falta de um objetivo extrafísico, resultando no bem-estar pessoal, social e comunitário, produz o desespero que se tenta asfixiar na drogadição, no sexo em desgoverno, nas buscas incessantes de alguma sustentação moral que a crença no corpo apenas não pode oferecer.

A religião racional, fundamentada em fatos, demonstrada em experiências intérminas e contínuas, o conforto moral dos seus ensinamentos, as possibilidades de convivência solidária entre todos os membros da sociedade, motivada pelo amor e pela fraternidade, enseja motivos seguros para as lutas em favor do bem e do progresso, da harmonia de cada qual e de todos, proporcionando uma sociedade feliz.

Enquanto, porém, viger soberano o egoísmo, câncer devorador da sociedade, enfrentaremos situações calamitosas em que o poder mentiroso dos poderosos de um momento fará da Terra o grande desastre social e espiritual dos seres humanos.

A fatalidade da existência física breve demonstra que os dominadores de ontem não passam hoje de fantasmas que foram vencidos pela morte e desvelados os seus crimes vergonhosos, atrás dos quais se esconderam para apresentar uma glória não verdadeira, que também os tornava desventurados embriagados pela ilusão.

Será, portanto, através do comportamento exarado no Evangelho de Jesus e restaurado pelo Espiritismo que a sociedade sobreviverá após os desgastes e desastres da atualidade.

Já se encontram na luta do esclarecimento e da demonstração da realidade os heróis da Verdade, submissos às leis injustas e às perseguições desnaturadas que sobrevivem, deixando sinais luminosos que servirão de pontes para o futuro redimido da Humanidade.

Desse modo, as trágicas consequências em desaires deste momento logo mais cederão lugar ao Reino de Deus instalado nos corações.

ANOTAÇÕES

ANOTAÇÕES

ANOTAÇÕES

ANOTAÇÕES

ANOTAÇÕES

ANOTAÇÕES